古典文獻研究輯刊

二六編

潘美月・杜潔祥 主編

第24冊

王照圓研究（下）

干少飛 著

國家圖書館出版品預行編目資料

王照圓研究（下）／于少飛 著 — 初版 — 新北市：花木蘭文
化事業有限公司，2018〔民 107〕
目 4+160 面；19×26 公分
（古典文獻研究輯刊 二六編；第 24 冊）
ISBN 978-986-485-368-7（精裝）
1.（清）王照圓 2.傳記 3.學術思想
011.08   107001784

ISBN-978-986-485-368-7

9 789864 853687

古典文獻研究輯刊
二六編　第二四冊   ISBN：978-986-485-368-7

王照圓研究（下）

作　　者　于少飛
主　　編　潘美月　杜潔祥
總 編 輯　杜潔祥
副總編輯　楊嘉樂
編　　輯　許郁翎、王筑　美術編輯　陳逸婷
企劃出版　北京大學文化資源研究中心
出　　版　花木蘭文化事業有限公司
發 行 人　高小娟
聯絡地址　235 新北市中和區中安街七二號十三樓
　　　　　電話：02-2923-1455／傳真：02-2923-1452
網　　址　http://www.huamulan.tw 信箱 hml810518@gmail.com
印　　刷　普羅文化出版廣告事業
初　　版　2018 年 3 月
全書字數　243761 字
定　　價　二六編 25 冊（精裝）新台幣 48,000 元　　　版權所有·請勿翻印

王照圓研究（下）

于少飛　著

目次

下　冊

附　錄

附　錄

一、王照圓年譜簡編[註1]

乾隆二十八年癸未（1763）　　　　　　　　　　　　一歲

　　八月二十九日中刻，王照圓生。字瑞玉，號婉佺，福山縣河北村王錫瑋
女。王照圓初名瑞玉，字照圓，嫁後因以字為名，名曰照圓，號瑞玉，一號
婉佺。

　　《和鳴集》載：「瑞玉常夜夢，呼者曰照圓，名大吉，後因以字為名，名
曰照圓，字瑞玉，一號婉佺，蘭皋乃記以詩云：『神既良非偶，嘉名自此更。
來從西竺國，兩字恰天成。』」

　　附：郝懿行七歲，始入家塾，日讀論孟數行。（《曬書堂文集》卷三《新
制書衣敍》）

　　郝懿行父名培元，字萬資，號梅莃，兩舉優行歲貢生，候選訓導。著有
《梅叟閒評》四卷，《灌園小史》一冊。

　　郝懿行母林孺人，東廟後村貢生檀女。德性磨鍊，久而彌純，如慈惠公
平勤儉諸節，一一可觀。（《梅叟閒評》卷一）

　　梅莃公云：「大兒懿行，頗與書近，余不欲輆其功，故事無大小自任之。」
（《梅叟閒評》卷一）

　　又云：「余與二子閒話，偶及命運之說，長子懿行謂：『命不可強，無如
何也，晚矣，何如安心讀書，其具在我，新奇之書悅目，義理之味養心，不
奔走而勞形，不憂戚而役志，面擁百城，心醉六經，亦云樂矣。此而與前途
茫茫爭不可知之命者相權衡，果孰得而孰失耶？』余喜其言頗近理，錄之。」
（《梅叟閒評》卷二）

〔註 1〕 參考許維遹：《郝蘭皋（懿行）夫婦年譜》。

是年，焦循、嚴傑、莫與儔、黃丕烈生；史貽直、梁詩正卒。

乾隆三十三年戊子（1768）　　　　　　　　　　六歲

父錫瑋公逝世。

王錫瑋是中國近代史上的甲骨文之父王懿榮的從曾叔祖，因爲早逝且並未取得功名，史料記載很少。

《讀孝節錄》：「余六歲而孤，母林夫人恩勤鞠育……」（《閨中文存》）

附：郝懿行十二歲。七月初九日寅刻，郝懿行之弟郝懿林生，字又彝，號晴崖。

是年，李銳、陳鴻壽、許宗彥、汪萊、周中孚生；齊召南卒。

乾隆三十七年壬辰（1772）　　　　　　　　　　十歲

母林孺人教讀《孝經》、《內則》。

《讀孝節錄》：「母林夫人恩勤鞠育以致成人，十年教讀《孝經》、《內則》。」（《閨中文存》）

十歲時王照圓已經表現出一定的文學天賦，曾作《秋月》篇。

《和鳴集》載：「瑞玉十歲尚未讀書，秋夜新霽，與諸女伴戲月下，因得句云：『海上一輪月，乾坤通徹明，兔宮桂花滿，先照玉堂中。』」

附：郝懿行十六歲。應童子試，自云：「不獨諸經瞢如，即四子書尚未粗知大義。」（《新製書衣敘》）

是年，方東樹生；沈廷芳、錢維城卒。

乾隆三十九年甲午（1774）　　　　　　　　　　十二歲

母林孺人授照圓《毛詩》，照圓略通大義。

《讀孝節錄》：「十年教讀《孝經》、《內則》，二十授《毛詩》，略通大義。幼不喜讀，母令背諷，常至夜分。」

附：郝懿行十八歲。七月十二日，郝懿行之弟郝懿徽生。《悼幼弟文》云：「吾兄弟三人，俱生於七月，吾以初六生，其次相後各三日，人曰：『茲眞手足也。』」（《曬書堂文集》卷十二）

乾隆四十二年丁酉（1777）　　　　　　　　　　十五歲

照圓「甫知勵志，女紅既飭，兼肄經史，風木不停。」（《閨中文存·讀孝節錄》）

　　附：郝懿行二十一歲。娶林安人。（《曬書堂詩鈔》卷下）林安人生於乾隆二十三年（1758），卒於乾隆五十一年（1786），郝氏曾作《悼亡詩》三十首，並作《祭亡室林氏文》。

　　是年，賈田祖、秦大士、戴震卒。

乾隆五十二年丁未（1787）　　　　　　　　　　二十五歲

　　冬天，王照圓與郝懿行完婚。

　　《葩經小記敘》：「泊季隗待翟之年，爰至結褵，命以有家。」（《閨中文存》）

　　郝懿行《卻扇》詩云：「二十五年諧鳳卜，八千餘里壯鵬圖。鐙前混漾窺糚鏡，切莫低聲喚老奴。」（《和鳴集》）

　　王照圓《卻扇》詩云：「千甲良緣綵線牽，三冬穀旦結團圓。挑燈最喜親風雅，先說周南第一篇。」（《和鳴集》）

　　案：「卻扇」一詞出自《世說新語·假譎》中「溫嶠娶妻」的典故，一般指舊時女子出嫁須蒙頭遮面的舊俗。《卻扇》二首，蓋二人新婚之時相互唱和之作。「二十五年諧鳳卜」一句可證王照圓是年二十五歲。又出土氏《卻扇》詩中所言「三冬穀旦結團圓」一句可知二人完婚於是年冬天。

　　完婚後，夫婦以詩唱和，《催莊》詩各一首，《卻扇》詩各二首，《關關雎鳩》、《河鯉登龍門》、《邦家之光》、《鴻飛鄉遠音》，各一首。

　　郝懿行自記：「丁未嘉平亮夜月明，挑燈閒話，瑞玉拈此四題，限酒熱詩成，自慙鈍拙，僅完二首，遂叩佳釀。其後二首，異日方足成之，視詩箋淋漓，尚帶酒氣也。他日瑞玉乃屬和焉。」（《和鳴集》）

　　郝懿行又作《花燭詞次韻趙桐楊》詩六首，其第五首云：「得失存心只自知，文章憎命我終疑。來年同覓月中桂，各向蟾宮折一枝。」自注：「僕既駑鈍，頗為閨中口實，故相激發，期雪斯言。」（《曬書堂詩鈔》卷下）

　　附：郝懿行三十一歲，春天赴都門應試，不售。（《曬書堂筆錄》卷四《長生果》）七月八日，遵父親梅葊公之命，裝潢家藏書，八月三日告成。（《新製衣書敘》）又搜集先八世祖詩文，兼塌墨刻石。（《曬書堂詩鈔》卷下《次韻寄趙桐陽妹婿》注）

　　幼弟郝懿徽殤。（《曬書堂筆錄》卷四《悼幼弟文》）

　　是年，曹仁虎、嚴長明生。

乾隆五十三年戊申（1788） 二十六歲

七月，王照圓作《戊申秋試寄蘭皋詩》二首，郝懿行步原韻亦作詩二首回贈。（《和鳴集》）

附：郝懿行三十二歲。秋，七月初旬，赴濟南應試，中舉人。（《和鳴集》）

照圓賦詩二首，寄託對郝懿行高中的祝願。郝懿行在濟南，作《步原韻》二首、《濟南歸途有作贈瑞玉》。（《和鳴集》）

是年，薛傳均、朱駿聲生；莊存與卒。

乾隆五十四年己酉（1789） 二十七歲

子壽恩生。

附：郝懿行三十三歲。春，赴都門應試，不售。在都門作《己酉下第後聞生子，喜甚，燈下醉賦，時四月十二日》：「長安滿眼杏花春，愧我不是看花人。浮名得失何足問，天倫之樂乃其真。況於此兒殆英物，兆以吉夢符前因。騎尾傅說星中箕，摩頂徐陵天上麟。奎璧居然論甲子，媧提還擬降庚寅。椿諼更喜侍堂前，堂前喜見瓜綿綿。紅蘭茁芽既抱子，綠竹生筍兼娛親。他年吾兒幸早達，莫似乃翁空踆踆。」（《曬書堂詩鈔》卷上）

又有《幼子文虎哀辭》云：「余生三十年，未有子息，而室亦亡，粵明年再娶，又明年兒子壽恩生。形貌秀異，自祖父母暨外祖母尤愛憐之。」（《曬書堂文集》卷十二）

是年，劉文淇生；褚寅亮、任大椿卒。

乾隆五十六年辛亥（1791） 二十九歲

母林孺人逝世。

《讀孝節錄》：「二十九之年，慈親見背，終鮮兄弟，孤子一身，自恨為女，纓繫於人，義又不得以身殉親也。」（《閨中文存》）

母林孺人，為棲霞望族，幼知詩書，居家有法度，孀居年不五十而終。為郝王夫婦二人擇師同族王古村。

牟庭《節母林孺人家傳》載：「（林孺人）為婉佺相攸得郝蘭皋延入甥館，為致名師講習。」（《雪泥屋遺文》卷一）

郝梅莘曾誡懿行：「爾外姑遇爾厚踰常格，其令人不能忘者，尤在擇師一節。聯姻以來，即國士遇爾，諄諄然以讀書為念，命爾錄窗藝，請其族兄古

村先生批閱，問伊果可師爾乎。遂自備束脩，每月徵課藝往來郵寄而於所。」
（《梅叟閒評》卷二）

　　郝懿行《壺海生詩草敘》云：「以姻故獲謁古村先生於舊草堂，輒持文藝
就正。先生不拒，細加斧削，屬望良殷行於是，遂師事焉。」

　　附：郝懿行三十五歲，作《祭外姑詩》。（《曬書堂詩鈔》卷下）

　　是年，毛嶽生、錢泰吉、董祐誠、劉寶楠生；孔繼涑、周永年卒。

乾隆五十七年壬子（1792）　　　　　　　　　　三十歲

　　冬，子壽恩殤於痘。

　　附：郝懿行三十六歲。次女英（林安人所生）亦殤於痘。（《幼子文虎哀辭》）

　　是年，龔自珍、姚配中、梁紹壬生；陸錫熊卒。

乾隆五十八年癸丑（1793）　　　　　　　　　　三十一歲

　　正月廿二日，郝梅莘命懿行赴福山爲外姑林孺人禫祭。（《梅叟閒評》卷二）

　　附：郝懿行三十七歲。

　　七月二十七日辰刻，郝懿行母林孺人逝世。

　　郝懿行云：「六月與瑞玉說詩，後及《素冠篇》（《詩經·檜風·素冠》），
瑞玉淒然不勝悵，因而罷講，蓋是時外姑沒三年矣。是歲七月，余母見背，嗚
呼！《蓼莪》（《詩經·小雅·蓼莪》）之廢，與瑞玉同矣，豈凶禍將至。四體
之動，幾有先見者耶？偶視此編，淚涔涔下，十一月望後書。」（《詩說》卷上）

　　是年，祁雋藻生；汪縉、魯九皋、江德量卒。

乾隆五十九年甲寅（1794）　　　　　　　　　　三十二歲

　　秋，次子應虎（即文虎）生。郝梅莘云：「余家玉蘭一株，今歲花後蒂落，
於榦末平處，結一果，余見而喜曰：『此生孫兆也。』不旬日，長子懿行舉男，
余趙婿曰：『是兒母字瑞玉，父號蘭皋，恰是玉蘭，玉蘭應其在斯乎？因以徵
果爲兒號。」（《梅叟閒評》卷三）

　　郝懿行云：「兒名應虎，以今甲寅年生也，古人云：『王父名子。』今更
賜號矣，此亦嘉話也。」

　　附：郝懿行三十八歲。二月既望，作《詩問序》。許維遹案：《詩問》以
夫婦閒居答問之語，而合著一書，在當時亦藝林之佳話。安人所著《葩經小
記》，有序無書，殆採入於內。

初冬一日，葬林孺人於金鉤。（《梅叟閒評》卷三）

是年，汪遠孫、魏源、丁晏生；盧文弨、謝墉、竇光鼐卒。

嘉慶四年己未（1799） 三十七歲

十月，王照圓來都，與郝懿行同寓於山左會館。

郝懿行《與舍弟第一書自注》：「莫謂汝嫂臨行，去年十月來都，封鎖門戶便為小器，此亦流俗之情宜爾也。」（《曬書堂外集》卷上）

附：郝懿行四十三歲。春，來都門，寓於山左會館。（《曬書堂筆記》卷上）

禮部試中進士，任戶部江南司主事。十月四日，郝懿行作《雙蓮華記》。（《曬書堂文集》卷十）

許維遹案：「余從先生第六世孫處，見畫一幀，題云：『蓮並蒂，古稱祥，今觀之，何弗威！有令子，聞於邦，儲鳳毛，卜寢昌，以娛老，且壽康，雙蓮室，足徜徉。』梅翁年伯大人命，乞賜誨言，古歷下年愚姪楊受廷識。又一幀橫書『雙蓮書屋』四大字，左題『蘭皋先生嘉慶己未成進士之年，盆蓮雙蒂，因言書屋曰：雙蓮。」

是年，何紹基、吳熙載、王柏心、黃汝成生；武億卒。

嘉慶五年庚申（1800） 三十八歲

附：郝懿行四十四歲。順天鄉試，郝懿行司外分校閱卷千餘。（《曬書堂文集》卷七《泉考》）

初秋，師王古村來書，附詩。（《曬書堂文集》卷三《壺海生詩草敘》）

七月八日，郝懿行作《與舍弟書》云：「老親在堂，幸尚康健，故我得薄宦遊，違膝下，然亦五六年後，便當為歸養之計。桂女勿令使性懶惰，好為人家作媳婦也，《醫方遍覽》二本，未及批閱，俟八月寄下，《呂氏春秋》、《秘書》二十一種，便中寄至京，俟秋冬間不遲，我新病初起，意緒無聊，因修家書，信筆抒情，遂爾絮絮不休。」（《曬書堂外集》卷上）

十一月初八日辰刻，父郝梅莽逝世。郝懿行與王照圓歸里服喪。（《曬書堂詩鈔》卷下《和恒雲岩東繼述之疊前韻》自注：余於庚申冬歸里。）

許維遹案：郝懿行《壺海生詩草敘》：「比多臘間，行接家書，慘離五五，粵辛酉春，倉促旋里，與《詩鈔》注似遠，或冬由京歸，越年初詣里，故云然。」又郝懿行服闋始來京，王照圓必隨之同歸。

嘉慶六年辛酉（1801）　　　　　　　　　　　　　三十九歲

　　正月初四日辰刻，三子雲鵠生。雲鵠原名雲翼，字小蘭，號仲翔。

　　附：郝懿行四十五歲。

　　是年，章學誠、馮應榴、湯鵬生；金榜、孫志祖卒。

嘉慶七年壬午（1802）　　　　　　　　　　　　　四十歲

　　在家居喪。

　　附：郝懿行四十六歲。孟春下澣，為師王古村撰《壺海生詩草敘》。

　　是年，費丹旭、汪士鐸生；王文治、謝啓昆、黃易、張惠言卒。

嘉慶九年甲子（1804）　　　　　　　　　　　　　四十二歲

　　二月初，王照圓作《列仙傳校正敘》。

　　許維遹《郝蘭皋（懿行）夫婦年譜》考「此書及《山海經箋疏》，是年尚未脫稿，《文集》卷五《老道人》有云，嘉慶丙寅丁卯間，先生赴白雲觀借校《山海經》、《穆天子傳》諸書。今見《山海經》、《列仙傳》初校本，依《秘書》二十一種本，確據道藏本訂止，是其明驗。又《列仙傳》凡引藏本云云，皆出先生手，蓋當時藏經之閣，安人不得登焉，故先生助之。」

　　附：郝懿行四十八歲。二月二十八日，撰《山海經箋疏敘》。

　　次子寅虎殤於痘。（《幼子文虎哀辭》）

　　是年，劉墉卒。

嘉慶十年乙丑（1805）　　　　　　　　　　　　　四十三歲

　　八月四日，王照圓作《列女傳補注敘》。

　　郝懿行（嘉慶十三年）《與孫淵如觀察書》云：「（拙荊）近復欲注《列女傳》，將上繼曹大家之遺躅，亦未知能了此事不也。」（《曬書堂文集》卷二）

　　附：郝懿行四十九歲。

　　是年，吳敏樹生；紀昀、桂馥、劉台拱卒。

嘉慶十二年丁卯（1807）　　　　　　　　　　　　四十五歲

　　冬天，女幼蘭生。（《曬書堂外集》卷上《答族外舅王金田太守書》、《曬書堂筆錄》卷四《讀志林》）

　　附：郝懿行五十一歲。

　　是年，羅澤南生；王昶、丁傑卒。

嘉慶十三年戊辰（1808） 四十六歲

六月九日，王照圓作《葩經小記敘》：「廿餘年前，《葩經小記》草，強半脫落，兼之遺忘，聊欲補葺成書，亦以追惟慈氏之訓，寄明發之懷，維時嘉慶，歲在著雍執徐。六月九日，宿雨初晴，新屇乍起，溫經伊始，輒立課程，日率一篇，多至二三，或適有他事，來日補足成之，偶獲新義，隨筆札記，取供采擇，庶幾積日累月，積成前作，無忘所學云而。」（《閨中文存》）

附：郝懿行五十二歲，《山海經箋疏》完成，開始撰寫《爾雅義疏》。子雲鵠八歲，郝懿行為其延師教讀。（《答族外舅王金田太守書》夏，作《幼子文虎哀辭》）

是年，張文虎生。

嘉慶十五年庚午（1810） 四十八歲

冬十一月望後四日，王照圓作《讀孝節錄》。

案：《孝節錄》，臧庸作。孝節，臧庸哲弟，亡於嘉慶十年乙丑秋。臧庸曾為王照圓作《列女傳補注序》，云：「歲庚午，庸再遊學京師，一時師友之盛，日以經史古義相研究，時有父子著述，一家兩先生，王石渠觀察暨令嗣曼卿學士也，有夫婦著述，一家兩先生，郝蘭皋戶部暨德配王婉佺安人也。庸寓吳鑒菴通政家，距石渠先生之居僅數里，因得朝夕請益，而慕安人之學之名，特至，嘗以《孝節錄》從戶部乞言於安人，撰《讀孝節錄》一首以應，性情真摯，文辭高曠，得六朝文法，書法亦遒勁，唐人歐褚遺範也。」（臧庸《拜經堂文集》卷二）

附：郝懿行五十四歲。

是年，邵懿辰、陳澧、李善蘭生。

嘉慶十六年辛未（1811） 四十九歲

王照圓《葩經小記》未卒業，四月，作《松岑詩草序》。（《閨中文存》）

七月，臧在東（臧庸）為王照圓校定《列女傳補注》並作序。（臧庸《拜經堂文集》卷二）

李蒓客《受禮盧日記》：「是書洪筠軒、馬元伯諸君，更相佐助，頗為精密。梁氏端亦注此書，其中引蘭皋先生及安人說者，僅三四處，而疏證校詳，勘定較密，同時陳碩甫等，復為之審定，故是正頗多。」

附：郝懿行五十五歲。九月四日，郝懿行評王照圓《祭財神詩》。（詩附於《和鳴集》後）

是年，曾國藩、吳雲、莫友芝、張之萬生。

嘉慶十七年壬申（1812）　　　　　　　　　　五十歲

三月望日，馬瑞辰為王照圓作《列女傳補注序》。

十一月長至日，洪筠軒為王照圓作《列仙傳校正序》。

附：郝懿行五十六歲，開始整理《證俗文》。

是年，汪中源、胡林翼、左宗棠生；錢伯坰卒。

嘉慶十八年癸酉（1813）　　　　　　　　　　五十一歲

十二月，王照圓為劉靜春《古列女傳詩》作序。（《閨中文存》）

附：郝懿行五十七歲。《證俗文》完稿。七月開始校《世說新語》。春，郝懿行身體有恙，只好停止《爾雅注疏》的寫作。生病期間，郝懿行瀏覽《晉》《宋》等書，命王照圓為之抄錄。

王照圓《晉宋書故跋》：「癸酉之秋迄己亥，夫子養痾廢業，遂罷爾雅之役。維時藥鑪常滿，席幾凝塵，披卷停吟，合豪欲臥。余時時料檢，每以卻書靜攝為箴，顧終不見從。久因病閒瀏覽晉宋等書，又苦善忘，爰付剳記。余雅不讀史，閒亦命余抄錄，用省記功也。」

是年，陳介祺生；吳騫、錢大昭、莊達吉卒。

嘉慶十九年甲戌（1814）　　　　　　　　　　五十二歲

八月二十六日，王照圓作《記從表妹林氏遺事》。（《閨中文存》）

附：郝懿行五十八歲。

是年，龍啟瑞、周壽昌、孫衣言生；程瑤田、張問陶卒。

嘉慶二十一年丙子（1816）　　　　　　　　　五十四歲

郝懿行與王照圓移居海岱門東，寓齊魯會館。

王照圓作《晉宋書故跋》。（《閨中文存》）李慈銘贊此跋可作千古佳話。（李氏手校《晉宋書故》，今藏於北京圖書館。）

附：郝懿行六十歲。《晉宋書故》成，六月十三日胡承珙為之作序。夏，刻《宋瑣語》，《補宋書刑罰志》、《補宋書食貨志》、《晉宋書故》。（《曬書堂文集》卷二《與馬元伯書》）

是年，劉蓉生；崔述、莊述祖卒。

嘉慶二十四年己卯（1819）　　　　　　　　　　　五十七歲

附：郝懿行六十三歲。三子雲鵠完婚，配王氏福山縣褚佳疃余英長女。余英爲湖南善化縣知縣，嘉慶己巳進士。（《曬書堂外集》卷上《代安人作謝四史疑年錄啓》）

道光二年壬午（1822）　　　　　　　　　　　　　六十歲

二月二十七日，生孫，名聊蒜，字向榮，號伯楷，改從伯愷，附貢生。

附：郝懿行六十七歲。

是年，張裕釗、李鴻章生；汪龍卒。

道光四年甲申（1824）　　　　　　　　　　　　　六十二歲

六月五日，女幼蘭殤。

附：郝懿行六十八歲，撰《荀子補注》。幼蘭殤時郝懿行正養疴端憂，暇讀《志林》。（《曬書堂筆錄》卷四《讀志林》）

是年，曾國荃、何秋濤生。

道光五年乙酉（1825）　　　　　　　　　　　　　六十三歲

二月初六日卯刻，郝懿行卒於京邸，享年六十九歲。子雲鵠扶柩歸里，五月之望，舉葬於金鉤先塋地。

胡培翬作《郝蘭皋先生墓表》：「余初至都，聞先生名謁焉，其後遂常往還。時先生方治《爾雅疏》，有所得必以相諮。先生爲人，恂恂謙退，吶若不出口，然自守介，不輕與人晉接，遇非素知者，或相對盡日無一語。惟談論經義，則喋喋忘倦，所居四壁蕭然，庭院蓬蒿常滿，童僕不備，先生處之晏如，浮沉郎署二十七年，視官紙榮悴若無與於己者，而唯一肆其力於著述。」（胡培翬《研六室文鈔》卷十）

王照圓歸里，整理先生遺書，以求彰顯於世。

九月十七日生孫，名聊薇，字小翔，號近垣。後官至順天府同知。

咸豐元年辛亥（1851）　　　　　　　　　　　　　八十九歲

正月初十日申刻，王照圓卒，享年八十九歲。遺書皆由孫郝聊薇陸續付梓，刊印成書。

二、王照圓詩集彙編

《和鳴集》共收錄王照圓 39 首詩，郝懿行和韻之詩亦列於下。後附王照圓祭財神七言絕句 10 首。

《催妝》

天賜良緣會，人看燕喜時。雙星　也叫二星，指牛郎、織女二星，比如夫婦。牛郎星在銀河東，織女星在銀河西，二星相對望。《古詩十九首》：「迢迢牽牛星，皎皎河漢女。」唐劉長卿《哭張員外繼》：「慟哭鍾陵下，東流與別離。二星來不返，雙劍沒相隨。」　低繡閣，兩葉映新詩。

桃李何穠矣，英華佚著而。夢鐙頻結綵　郝懿行注：「未締姻前瑞玉屢有雙鐙吉夢，知非偶然。」鐙，古同燈，《楚辭·招魂》：「蘭膏明燭，華鐙錯些。」《讀曲歌》：「非歡獨慊慊，儂意亦驅驅，雙燈俱盡時，奈何兩無由。」　，早定百年期　陸游《壽衛生襲之》：「似此相逢能幾度，莫教虛負百年期。」　。（蘭皋）

由來天作合，今值于歸時。宜室欣題句，今居喜詠詩。

高山吟仰止　《詩經·小雅·車舝》：「高山仰止，景行行止。」　，充耳佚乎而。敬戒　敬戒，即警戒，戒備。《周禮·夏官·職方氏》：「考乃職事，無敢不敬戒。」　萱堂　《詩經》疏稱：「北堂幽暗，可以種萱。」萱草代稱母親，萱堂指代母親的住所，後亦作為母親的尊稱。「萱堂之喜」與「新翁之喜」相對，皆指兒女成婚。　樂，預知偕老期　出自《詩經·邶風·擊鼓》：「死生契闊，與子相悅；執子之手，與子偕老。」唐權德輿《新月與兒女夜坐聽琴舉酒》：「乃知大隱趣，宛若滄州心。方結偕老期，豈憚華髮侵。」　。（瑞玉）

《卻扇》二首

出自《世說新語·假譎》「溫嶠娶妻」的典故：「溫公喪婦。從姑劉氏，家值亂離散，唯有一女，甚有姿慧，姑以屬公覓婚。公密有自婚意，答云：『佳婿難得，但如嶠比云何？』姑云：『喪敗之餘，乞粗存活，便足慰吾餘年，何敢希汝比？』卻後少日，公報姑云：『已覓得婚處，門地粗可，婿身名宦，盡不減嶠。』因下玉鏡臺一枚。姑大喜。既婚，交禮，女以手披紗扇，撫掌大笑曰：『我固疑是老奴，果如所卜。』」南朝梁何遜《看伏郎新婚詩》：「何如花燭夜，輕扇掩紅妝。」

糚各燒銀燭，良宵寶篆　「寶篆」是古人焚香的美稱。宋秦觀《海棠春》：「翠被曉寒輕，寶篆沉煙嫋。」明王錂《春蕪記·瞥見》：「旃檀寶篆籠瑞煙，齋心頂禮金仙。」　薰。君才嫻詠雪，我意慕凌雲。

花點齊眉案　齊眉案，原指矮桌腳，宋孫覿《蜀婦新寡從何純中讀左氏戲呈純中》詩：「一揮斲鼻斤，便舉齊眉案。」清趙翼《扈從途次雜詠·矮桌》：「或作齊眉案，侏儒所必需。」此處取梁鴻孟光舉案齊眉之意。　，香飄賦茗文。早知諳女誡，挽鹿　《後漢書·列女傳·鮑宣妻》：「勃海鮑宣妻者，桓氏之女也，字少君。宣嘗就少君父學，父奇其清苦，故以女妻之。裝送資賄甚盛，宣不悅，謂妻曰：『少君生富驕習美飾，而吾實貧賤，不敢當禮。妻曰：『大人以先生脩德守約，故使賤妾侍執巾櫛。既奉承君子，唯命是從。宣笑曰：『能如是，是吾志也。妻乃悉歸侍御服飾，更著短布裳，與宣共挽鹿車歸鄉里。」後以「挽鹿車」喻夫妻共守清苦生活。　謝殷勤。（蘭皋）

佳夕雙星　見《催莊》詩　會，焚香寶篆薰。妾心非愛酒，君志可登雲。

績錦書添色，生花　喻好文章。五代王仁裕《開元天寶遺事·夢筆頭生花》：「李太白少時，夢所用之筆頭上生花，後天才贍逸，名聞天下。」　筆有文。不堪燈下讀，拙作謝殷勤。（瑞玉）

《前題》

二十五年諧鳳卜　《左傳·莊公二十二年》：「初，懿氏卜妻敬仲。其妻占之，曰：『吉。是謂『鳳皇於飛，和鳴鏘鏘』。』」後世因以占卜佳偶曰「鳳卜」。元高明《琵琶記·伯喈牛宅結親》：「小女與令郎，久諧鳳卜，準擬鸞鳴。」　，八千餘里壯鵬圖　鵬圖，喻人之壯志。《莊子·逍遙遊》：「有鳥焉，其名為鵬，背若太山，翼若垂天之雲，摶扶搖羊角而上者九萬里。絕雲氣，負青天，然後圖南，且適南冥也。」。

燈前滉蕩窺糚鏡，切莫低聲喚老奴。（蘭皋）

千里良緣絲線牽，三冬穀旦　「穀旦」喻吉日，源自《詩經·陳風·東門之枌》：「穀旦于差，南方之原。」《毛傳》解說：「穀，善也。」　結團圓。

挑燈最喜親風雅，先說周南第一篇　《關關雎鳩》篇　。（瑞玉）

《梅花》

何處清香遠，遙瞻嶺上梅。不隨群卉茂，獨佔一陽開。（瑞玉）

《前題步和》

百卉皆爭發，一支獨放梅。爲嫌茅屋小，先向玉堂開。（蘭皋）

《秋月》

瑞玉十歲尚未讀書，秋夜新霽，與諸女伴戲月下，因得句云：

「海上一輪月，乾坤通徹明。兔宮桂花滿，先照玉堂中。」

《迎春花》

當覺陽和　陽和，借指春天。南朝宋劉義慶《世說新語·方正》：「雖陽和布氣，鷹化爲鳩，至於識者，猶憎其眼。」元薩都剌《雪中妃子》詩：「疑是陽和三月暮，楊花飛處牡丹開。」至，迎春早吐花。風來舒綠葉，律轉鬥黃葩。

凍蝶驚新夢，寒蜂出舊衙　衙，指排列成行的事物　。預知天地意，逐暖露先化。

《前題步韻》

東風催早放，迎暖發春花。碧玉裁爲葉，黃金鏤作葩。

粟形分桂蕊，蜜色照蜂衙。上苑　皇家的園林。南朝梁徐君倩《落日看還》詩：「妖姬競早春，上苑逐名辰。」《新唐書·蘇良嗣傳》：「帝遣宦者採怪竹江南，將蒔上苑。」明宋訥《壬子秋過故宮》詩之一：「離宮別館樹森森，秋色荒寒上苑深。」吳梅《風洞山·慶祝》：「歡慶，花發西宮，鶯啼上苑，官家幾度好風景。」　推先入，新年第一葩。（蘭皋）

《關關雎鳩》

鷙鳥　兇猛的鳥，如鷹鸇之類，鷙鳥不成雙，比喻正直的人不與世俗同流合污。楚屈原《楚辭·離騷》：「鷙鳥之不群兮，自前世而固然。」　飛來度遠洲，相關對語兩情投。

清音嚦嚦遙連水，雅韻悠悠喜聽鳩。

鸞鳳和鳴流太液　古池名，漢、唐、元、明、清皆有，唐李白《宮中行樂詞》之八：「鸞歌聞太液，鳳吹遶瀛洲。」　，鴛鴦逸鄉振皇州　帝都，京城。南朝宋鮑照《侍宴覆舟山》詩之二：「繁霜飛玉闥，愛景麗皇州。」唐岑參《和賈舍人早朝大明宮》：「雞鳴紫陌曙

光寒，鶯囀皇州春色闌。」 。會當飛入龍津 即龍門，一名「河津」，故稱。《晉書‧郭璞傳》：「登降紛於九五，淪湧懸乎龍津。」後用來比喻仕宦騰達之路，唐李商隱《春日寄懷》詩：「欲逐風波千萬里，未知何路到龍津。」馮浩注：「《三秦記》：『河津一名龍門，水險不通，龜魚之屬莫能上，江海大魚薄集門下數千，不得上，上則爲龍。』」 里，飲啄上林 上林苑，漢武帝的宮苑，司馬相如的《上林賦》：「終始灞滻，出入涇渭。灃鎬潦潏，紆餘委蛇，經營乎其內。蕩蕩乎八川，分流相背而異態。東西南北，馳騖往來。」 得自由。

《河鯉登龍門》

　　唐無名氏《河鯉登龍門》：「年久還求變，今來有所從。得名當是鯉，無點可成龍。備歷艱難遍，因期造化容。泥沙寧不阻，釣餌莫相逢。擊浪因成勢，纖鱗莫繼蹤。若令搖尾去，雨露此時濃。」

　　龍門最喜列千層，河鯉奮身自可登。

　　三汲浪 北宋汪洙《神童詩》：「禹門三級浪，平地一聲雷。」 中神變化，九天雲外忽飛騰。

　　行看直上辭波濁，倏爾凌空見海澄。

　　雷雨匇匇偏助勢，凡魚哪得望同升。

《邦家之光》

　　《詩經‧小雅‧南山有臺》：「樂只君子，邦家之光。樂只君子，萬壽無疆。」

　　丈夫立志慕龍光，觀國用寶逢聖王。

　　蓮漏 即蓮花漏，古代計時器的一種。唐‧唐彥謙《敘別》：「譙樓夜促蓮花漏，樹陰搖月蛟螭走。」清‧納蘭性德《浣溪沙》：「蓮漏三聲燭半條，杏花微雨濕輕綃。」 朝天輝彩筆，桂花滿樹現文章。

　　和鶯燕笑登螭陛 《說文》：「陛，升高階也。」螭陛，雕有螭形的宮殿臺階。《宋史‧禮志十八》：「殿中監帥尙舍張設垂拱，文德殿門之內，設香案殿下螭陛間，又爲房於東朵殿。」 ，嘉客笙簧樂玉堂。

　　拜手賡歌 賡歌，即酬唱和詩。語出《尙書‧虞書‧益稷謨》：「乃賡爲歌曰：『元首明哉，股肱良哉，庶事康哉！』」唐李白《明堂賦》：「千里鼓舞，百僚賡歌。」 成上理，一人齊祝壽無疆。

《飛鴻鄉遠音》

　　塞上春回鴻欲歸，雙雙攜伴喜同飛。

清聲嘹嚦浮蒼靄，餘韻悠揚度翠微　《爾雅・釋山》：「未及上，翠微。」郭璞注：「近上旁陂。」唐李白《贈秋浦柳少府》詩：「搖筆望白雲，開簾當翠微。」　。

一一天邊橫逸翮　《宋書・謝靈運傳》：「傷粒食而興念，眷逸翮而思振。」　（郝懿行注：飛鴻天上越，人誤以爲乙），遙遙雲際趁斜暉。

鳳凰池　唐劉禹錫《湖南觀察使故相國袁公輓歌》：「五驅龍虎節，　入鳳凰池。」　上應先入，鄉近丹霄白玉扉。（瑞玉）

（瑞玉常夜夢，呼者曰照圓名大吉，後因以字爲名，名曰照圓，字瑞玉，一號婉佺，蘭皋乃記以詩云：

神貺良非偶，嘉名自此更。來從西竺國　天竺，宋蘇軾《書摩公詩後》詩：「皆云似達摩，隻履還西竺。」　，兩字恰天成。（蘭皋）

《簪迎春花》

灰飛斷節旦，小苑發春花。迎暖分金蕊，橫釵映鬢斜。

《風暖聞嬌鳥》

好鳥乘時至，飛鳴自遠郊。芳林閞錦幄　宋周邦彥《少年遊》詞：「錦幄初溫，獸煙不斷，相對坐調笙。」　，曉樹接雲巢《文選・張協》：「仰傾雲巢，俯彈地穴。」呂向注：「雲巢，高巢也。」宋陸游《書懷》詩：「青城結雲巢，擬住三千年。」喻指隱居修道之處。。

恰自花間出，還同月下敲　明王思任《留別山僧》詩：「猶是僧門月下敲，更添潮響落雲梢。」　。千聲傳葉底，百囀度林梢。

翅拂青枝動，風添翠影交。會當棲上苑，雅韻傍螭坳　螭坳，宮殿螭階前坳處。宋司馬光《奉和始平公喜聞昌言修注》：「曉提麟筆依華蓋，日就螭坳記聖言。」元王逢《錢塘春感》詩之四：「書題鳳尾仙曹喜，恩浹螭坳學士榮。」　。

《桃始華》

微暖韶光早，夭桃　《詩・周南・桃夭》：「桃之夭夭，灼灼其華。」　始發華。和風吹綠葉，細雨潤丹葩。

爛漫迎朝日，輕盈鬥晚霞。芳林鶯出谷，暖圃蝶尋花。（郝懿行注：謝靈運詩「墟圃散桃花」）　南朝宋謝靈運《從遊京口北固應詔》詩：「原隰荑綠柳，墟圃散紅桃。」

似錦繁枝麗，如雲豔影斜。高堂春色滿，之子詠宜家　《詩經・國風・周南・桃夭》：「之子于歸，宜其室家。」　。

《風雨交集》

長空風雨集，杳靄起清煙。溼重庭前竹，輕扶水面蓮。

如膏　《詩經‧衛風‧伯兮》：「自伯之東，首如飛蓬。豈無膏沐，誰適爲容？」　催柳綠，似扇弄花妍。日出浮雲卷，飛龍上九天。

《春雪間早梅》

春暖陽和至，輕明雪尚堆。銀光鋪素玉，嶺上鬥紅梅。

日出芳枝溼，花繁凍蕾開。寧隨群卉茂，獨佔百花魁。

《竹箭有筠》

竹箭：筱竹，小竹，因可造箭，又稱箭竹。晉代戴凱之《竹譜》載：「竹箭，高者不過一丈，節間三尺，堅勁中矢，江南諸山皆有之，會稽所生最精好。」《廣韻》：「筠，竹皮之美質也。」《禮記》：「其在人也，如竹箭之有筠也，如松柏之有心也。」鄭玄注：「筠，竹之青皮也。」唐張仲方有《賦得竹箭有筠》。

喜見庭前竹，菁菁綠幾尋。虛心千尺逈，勁節四時深。

豎直同松柏，青蔥閱古今。棲柯鸞鳳穩，林外聽瑤琴　南朝宋鮑照《擬古》詩之七：「明鏡塵匣中，瑤琴生網羅。」唐王昌齡《和振上人秋夜懷士會》詩：「瑤琴多遠思，更爲客中彈。」　。

（郝懿行注：王維詩「獨坐幽篁裏，彈琴復長嘯」。）

《春柳》

時回春日曉，晴看柳垂金　宋仲殊著有《柳垂金》一首　。綠葉和風放，新枝拂曉禽。

《戊申秋試寄蘭皋二首》

七月初旬零雨濛，君將行路日瞳曨　亦作「曈朧」，《說文‧日部》：「瞳，瞳曨，日欲明也。」　。

登山臨水千程遠，撥霧披雲萬里通。

早起單衣添曉露，晚眠細葛透清風。

會當得副青雲志，靜案幽窗莫輟功。

其二：

小試文場久擅名，矮盧一入備經營　南朝梁劉勰《文心雕龍‧麗辭》：「至於詩人

偶章，大夫聯辭，奇偶適變，不勞經營。」唐杜甫《丹青引》：「詔謂將軍拂絹素，意匠慘淡經營中。」指藝術構思。　。

案頭揮筆風添勢，夜半構思月助明。

花結錦成人易懶，飛雲露白馬登程。

如君折得蟾宮桂　「蟾宮折桂」謂科舉應試及第，仕途通達。元施惠《幽閨記‧士女隨遷》：「鎮朝經暮史，寐晚興夙，擬蟾宮折桂之梯步。」　，自爾高山聽鹿鳴　《詩經‧小雅‧鹿鳴》。朱熹《次卜掌書落成白鹿佳句》：「重營舊館喜初成，要共群賢聽鹿鳴。」　。（瑞玉）

《步原韻》

初戎行裝細雨濛，詰朝旋見月瞳曨。

雖經紫陌　唐劉禹錫《元和十年自郎州召至京師戲贈》：「紫陌紅塵拂面來，無人不道看花回。玄都觀裏桃千樹，盡是劉郎去後栽。」　千回遠，且喜青雲萬里通。

眼注文章沖北斗，心隨駿馬逐西風。

要須身作登瀛客　「瀛洲」爲神話中神仙所居三山之一，唐太宗李世民在長安城設文學館，當時被唐太宗選入文學館者被稱爲「登瀛洲」，即「十八學士登瀛洲」。唐李白《夢遊天姥吟留別》：「海客談瀛洲，煙濤微茫信難求。」　，不負螢窗十載功。

其二：

五試秋闈　秋闈，是對科舉制度中鄉試的借代性叫法。考期在秋季八月，故又稱秋闈。未有名，臨文檢點細經營。

敢誇筆陣凌風勢，要使奎光映月明。

局促未經呈驥足　比喻高才。《三國志》卷三十七《蜀書‧龐統傳》：「先主領荊州，統以從事守耒陽令，在縣不治，免官。吳將魯肅遺先主書曰：『龐士元非百里才也，使處治中、別駕之任，始當展其驥足耳。』諸葛亮亦言之於先主，先主見與善譚，大器之，以爲治中從事。親待亞於諸葛亮，遂與亮並爲軍師中郎將。亮留鎮荊州。統隨從入蜀。」唐雍陶《寄永樂殷堯藩明府》詩：「百里豈能容驥足，九霄終自別雞群。」　，扶搖且看接鵬程。

感君千里遙相憶，側耳西風聽鹿鳴。（蘭皋）

《過西海子看新荷》

涼亭水榭映朝霞，碧沼初開菡萏　即荷花。《詩經‧陳風‧澤陂》：「彼澤之陂，有蒲菡萏。」宋歐陽修《西湖戲作示同遊者》：「菡萏香清晝艻浮，使君寧復憶揚州。」　花。

海子西頭楊柳岸　北宋柳永《雨霖鈴》：「楊柳岸，曉風殘月。」　，綠煙深處　唐鄭敏《金鑾坡上南望》：「玉晨鐘韻上清虛，畫戟祥煙拱帝居。極眼向南無限地，綠煙深處認中書。」　是仙家。

《驅蚊》

雷聲隱隱遠飛來，快喚阿奴羽扇開。

幾樓雲煙空繚繞，麼膚盡掃作塵埃。

其二：

蒲臺艾葉雨濃薰，剛到黃昏喚辟蚊。

捲起湘簾煙漸細，繁聲莫遣小兒聞。

《新秋晚涼即事》

繩牀露坐望天街，牛女無言傍水崖。

卻聽鄰家喧笑語，隔牆鐙影落牙牌　宋楊萬里《甲寅二月十八牡丹初發》詩：「排日上牙牌，記花先後開。」牙牌，多指象牙或骨角製的記事簽牌，也指行酒令用的籌簽。　。

《六月廿日炎熱特甚雨後有作》

夕陽紅處雲雨蒸，霹靂一聲未得會。

雨後晚涼天宇淨，渾如人抱玉壺　唐陳子昂《為建安王謝借馬錶》：「玉壺遂臨，叨得駿之賜。」唐王昌齡《芙蓉樓送辛漸》詩之一：「洛陽親友如相問，一片冰心在玉壺。」　水。

《前題和韻》

一洗長空暑氣蒸，汗流揮扇又何會。

月明天宇涼如水，誰向街頭更買水　宋周去非《嶺外代答》：「欽（州）人始死，孝子披髮頂竹笠，攜瓶甖，持紙錢，往水濱號慟，擲錢於水，而汲歸浴屍，謂之買水。」　。

《偶題》

君須孝也也須忠，女子顯揚男子同。

氣吐九霄光日月，裙釵端的是英雄。

《勵志》

三十年來拂面塵，而今未改鏡中春。

平生要作校書女，不負烏衣巷　唐劉禹錫《烏衣巷》：「朱雀橋邊野草花，烏衣巷口夕陽斜，舊時王謝堂前燕，飛入尋常百姓家。」　里人。

《福山二伯母索詩題》

慈闈　亦作「慈幃」。亦作「慈帷」，舊時母親的代稱。宋張孝祥《減字木蘭花・黃堅叟母夫人》詞：「慈闈生日，見說今年年九十。」　屢向索詩篇，舊稿拋殘已數年。

燕石　喻不足珍貴之物，用爲自謙凡庸之詞。唐李白《贈范金鄉》詩之一：「我有結綠珍，久藏濁水泥。時人棄此物，乃與燕石齊。」　何堪供一笑，休將兒女話人前。

《秋夜》

晚涼雨過暗香聲，籬豆花開月正明。

滿院梧桐秋色老，惱人蟋蟀枕邊聲。

《家人祭財神索爾有作》

其一：

卯蝦香楮薦靈神，聞道此君解濟貧。

多少繁華桃李占，梅花寒似讀書人。

（郝懿行注：沉實高華，抑揚瀟灑）

其二：

魚頭何必論錢神，寒到梅花未覺貧。

贏得流芳傳百世，功名須咬菜根人　宋劉攽《賦望雲僚》：「菜根有味逢春雨，草色無邊傍日暉」。　。（郝懿行注：答得好）

其三：

下筆千言如有神，等身著述　也作「著述等身」。清・紀昀《閱微草堂筆記・灤陽消夏錄一》：「自是以外，雖著述等身，聲華蓋代，總聽其自貯名山，不得入此門一步焉，先聖之志也。」　不爲貧。

玉臺金屋皆黃土，惟有永初作賦人。

（郝懿行注：曹大家《東征賦》永初七年作，正恐難索解人。）

其四：

不必焚香枉賽神　清張心泰《粵遊小識》卷二引佚名《潮城竹枝詞》云：「四月初旬

猶賽神，五更三點有遊人。居然長夜不春地，幾度風光過跟新。」並云：「潮城元宵後方賽神，或至四月末已。」　，立身清白始能貧，長安多少豪華客，羞煞深閨刺繡人。

（是生公說法末二語，從孟子化名）

其五：

青蚨　血蟲，指代錢，古有「青蚨還錢」一說。《淮南子‧萬畢術》注：「以其子母各等，置甕中，埋東行陰垣下，三日復開之，即相從，以母血塗八十一錢，亦以子血塗八十一錢，以其錢更互市，置子用母，置母用子，錢皆自還也。」晉干寶《搜神記》卷十三：「南方有蟲，名嫩蠋，一名墈蠋，又名青陳形似蟬而稍大，味辛美，可食。生子必依草葉，大如蠶子。取其子，母即飛來，不以遠近。雖潛取其子，母必知處。以母血塗錢八十一文，以子血塗錢八十一文，每市物，或先用母錢，或先用子錢，皆復飛歸，輪轉無已。故《淮南子術》以之還錢，名曰青蚨。」　萬貫妙神通，兩世盧生出自唐沈既濟《枕中記》，有典故「黃粱夢」或「邯鄲夢」，唐代有《南柯記》，宋代有《南柯太守》，元朝馬致遠作《邯鄲道省悟黃粱夢》，明朝湯顯祖改編《邯鄲記》，清代蒲松齡作《續黃粱》。　故是貧。

三十鑪頭騰鬼火，冥間亦有愛錢人。

（郝懿行注：宋人小說稱盧懷慎暴死，復蘇歎曰：「冥司有三十鑪，日夜為張說鑄橫財，我無一焉。」）（詼諧入妙）

其六：

竹林風采儼如神，手握牙籌　象牙或骨、角製的計數算籌。《晉書‧王戎傳》：「〔戎〕性好興利……每自執牙籌，晝夜算計，恒若不足。」明徐復祚《一文錢》第四齣：「我想歲華如駛，早已雪蒙頭，況家富貴比王侯，就朝鐘暮皼何不勾，又何用苦較牙籌？」　定不貧。

阿堵　語出《世說新語‧規箴》：「王夷甫雅尚玄遠，常嫉其婦貪濁，口未嘗言『錢』字。婦欲試之，令婢以錢燒床，不得行。夷甫晨起，見錢閣行，呼婢曰：『舉卻阿堵物！』古代指代錢。清郁植《悲歌》：「吾曹意氣恥阿堵，揮斥黃金賤如土。」　無言錢故在，當年鑽李南朝‧宋‧劉義慶《世說新語‧儉嗇》：「王戎有好李，賣之恐人得其種，恒鑽其核。」　又何人。（郝懿行注：看得破，便不爾）

其七：

八十擒言妙入神，草元何補子云貧。

甄劉鼎貴忙中盡，載酒輸他問字人。（清韻）

其八：

潤菜溪毛可薦神，辮香留得孔顏　孔子與其弟子顏淵的並稱。《魏書‧肅宗紀》：「來歲仲陽，節和氣潤，釋奠孔顏，乃其時也。」晉陸機《君子行》：「掇蜂滅天道，拾塵惑孔顏。」宋劉克莊《哨遍》詞：「嗟此意誰論，其言甚壯，孔顏猶有遺旨。」　貧。

簞瓢　典出《論語注疏‧雍也》：「一簞食，一瓢飲，在陋巷，人不堪其憂，回也不改其樂。」　疏水依然在，閱盡浮雲世上人。

（大家猛省）

其九：

稽首天公造化神，看來誰富與誰貧。

山丘華屋同歸盡，總是空空妙手人。

（稍近俳）

其十：

餐風飲露練精神，便學真仙也是貧。

左右圖書尋志樂，紅塵白髮幾多人。（有曲終江上青峰之妙）

（十首借題抒寫一氣呵成，淋漓盡致，卻不顧世眼驚也。辛未九月四日蘭皋讀。）

補充：

民國時期著名學者徐世昌《晚晴簃詩匯》卷一百八十六收錄王照圓《題阮太師母石室藏書小照》一詩：

篆詁挈經萬卷收，嫏嬛　古代漢族傳說中是天帝藏書的地方。後泛指珍藏書籍之所在。《字彙補‧女部》：「玉京『嫏嬛』，天帝藏書處也，張華夢遊之。」仙館翠煙浮。齋名積古阮元書齋原名稽古齋，因乾隆帝曾指出他誤把「稽古」寫作「積古」，阮元所以為了表示感念皇恩不忘，遂將此齋名為「積古齋」。　從公定，室有藏書是母留。儉素時妝無一點，丹青小照足千秋。應知淡月疏桐夜，緬想音容　唐白居易《長恨歌》：「含情凝睇謝君王，一別音容兩渺茫。」　在選樓　原指南朝梁昭明太子蕭統所建文選樓，後皆指《文選》，也泛指編選文章的地方。徐世昌自注云：「先生（阮元）所居係李善注文選樓。」。

三、《葩經小記》整理

（　）《詩說》（《山東文獻集成》第二輯第 46 冊）

1.《周南·關雎》

「雎鳩」、「荇菜」，興而兼比，瑞玉曰：「二者何從？」余曰：「看來比意多於興意，大抵二《南》諸篇，興中往往兼比，假物寓情，引類精確，不比變風，汎然託興而已。」（P789）

丁未冬，偶與瑞玉賦《關關雎鳩》。瑞玉句中用「匹鳥」等語。余笑曰：「雎鳩，摯而有別，非鴛鴦狎暱之比，君乃蔡中郎誤讀蝦蟆耳。」余得句云：「八百餘年開大業，誰知窈窕始鳴周。」（P789）

2.《周南·漢廣》

瑞玉問：「不可求是誰不可？將謂是女，豈美化偏被女子，未及男子？」余曰：「求是男不可，即是男也。二《南》之篇，男女皆貞良，愚素知之爾。」（P789～790）

3.《周南·桃夭》

閒與瑞玉論《桃夭》詩，歎古人文字之精密：「詩三章俱以『桃夭』起興，而用意各別。首云『灼灼其華』，繼以『宜其室家』。家謂一門之內，華之爛漫輝映乎樹間，情之和順，薰蒸於門內也。次云『有蕡其實』，繼以『宜其室家』。室謂夫婦所居，『蕡』為麻之多子者。桃如蕡而蕃衍，子如桃而眾多也。終言『其葉蓁蓁』，繼以『宜其家人』。家非人無以成，猶樹非葉無以助也。

葉雖繁，有一葉之不能暢其機，則樹不茂；人雖眾，有一人不能得其歡，則家不齊。取其相似，因以爲興也。何爲先言華而繼言實？重繼嗣，推化原也。何爲繼言實而後言葉？由近以及遠，自親以及疏也。人雖疏遠，不可不言者，以明無人之不宜，而後爲宜之，盡所謂不出家而成教於國，其基於是也夫。」（P751～752）

4.《召南·草蟲》

余問：「蟲鳴趯躍，晚秋時也，采蕨采薇，卻在春夏。」瑞玉曰：「是兩年事耳。大夫行役，蓋在春夏，涉秋未歸，故感蟲鳴興思，至來年春夏猶不歸，故復有後二章。」（P791）

5.《召南·行露》

吾鄉風俗簡陋，有不迎親者，俗名「搬娶」，又有就女家成禮者，俗名「就親」。瑞玉獨非之，因舉詩曰：「雖速我獄，室家不足。雖速我訟，亦不汝從。」此申女因夫家一禮不備而不行也，奈何今俗苟且以至如斯。（P753）

6.《召南·摽有梅》

瑞玉論《摽有梅》不及《行露》，余曰：「都一般。」（P753）

7.《邶風·終風》

《終風》莊姜疾州吁也，暴戾無恩，不禮於莊姜，狂惑自恣，莊姜憂之而作。瑞玉問：「州吁，簒賊，戲謔狂蕩，特其小小者爾。」余曰：「莊姜深識機密，弑逆大惡，不可言也。姑言其小者，舒己憤、盡己情而已。其實寤寐憂思不在此，而在彼也。」（P791）

終風，終日風也。浪，蕩也。敖，慢也。言州吁輕剽如竟日風，又暴疾。顧視我則笑侮之，戲謔不敬，不能止其辭，是以中心傷悼之。瑞玉曰：「方暴矣，則又笑，喜怒不常也，衛定姜云『暴妾使余』。」（P791）

8.《邶風·靜女》

瑞玉論《靜女》詩《序》最有味，蓋靜女即幽閒貞靜之女也。淫奔之詩有云「彼姝」、「彼美」者矣，從無呼爲「靜女」者，即曰「愛其所私」，然女而曰「靜」，所與私者亦何取焉？而詠歌不已耶？譬則人於雞犬，雖甚愛悅，安得竟以麟鳳呼之哉？余無以難之。（P756）

9.《鄘風‧碩鼠》

相鼠有皮，《白虎通》以爲妻諫夫之詩。愚以爲漢唐宋諸儒從無如此說者，細味三章各末句，豈妻之所忍施於夫哉？果爾，則聖人何取焉？嘗舉此說以問瑞玉，曰：「然！嘗讀《氓》詩卒章，至於『言笑晏晏，信誓旦旦，不思其反』，未嘗不撫卷而歎曰：『千古夫婦、朋友，坐此凶終隙末，相怨尤者多矣。』」（P757）

10.《衛風‧淇奧》

《淇奧》詩又在《抑戒》之後，觀其寬綽戲謔，有樂易之象，較克治嚴密又進一格矣。瑞玉言：「《淇奧》蓋作於武公既沒之後，故曰：『終不可諼兮。』觀《國語》云：『及其沒也，謂之睿聖武公』可見。」（P781）

11.《鄭風‧遵大路》、《鄭風‧有女同車》

瑞玉論《遵大路》、《有女同車》二詩皆宜主《小序》，而《有女同車》序尤確。《遵大路》，思君子也。《有女同車》，刺忽也，忽不昏於齊也。瑞玉又言：「《有女同車》序固確，然『孟姜』二字可疑，嘗考齊僖公二女，長曰宣姜，次即文姜。據《左傳》齊侯欲以文姜妻忽，而忽辭，及後又請妻之，則其時文姜已昏於魯矣。詩中孟姜不知果何所指。且詩言『德音不忘』，《序》亦曰『齊女賢』，則宣姜、文姜俱不足以當之，而二姜之外，不聞僖公復有他女也。假若有之，其不得稱孟姜亦明矣。」（P759～760）

郝注：「瑞玉嘗論齊小白、子糾皆襄公子，非僖公也。又言子糾是兄，小白是弟。其說亦有據，茲未悉載。」（P760）

12.《齊風‧雞鳴》

瑞玉說：「《雞鳴》詩，首章難解，古者朝，辨色始入，君日出而視之。《雞鳴》豈即朝盈之時？蠅聲在，天將曙，雞鳴則昧爽前，安有誤以蠅聲爲雞鳴之理？」余曰：「此妙語也，蓋賢妃心常恐晚，恍惚之間，如有所聞，遽告君曰：『起起，雞即鳴矣。』少頃覺益晚，復告君曰：『起起，不獨雞鳴，而朝已盈矣。』忽又沉吟曰：『誤矣。』前所聞者並匪雞鳴，蓋即天將且而蒼蠅之聲乎，反復疑猜，其實雞鳴、蠅聲都是幻想，所謂風幡俱不動，汝心自動耳，此說如何？」瑞玉曰：「神理殊妙。」（P760～761）

13. 《齊風・猗嗟》

瑞玉論《齊風》「展我甥兮」句，口角儇薄，想見便捷輕利之習。（P761）

14. 《唐風・無衣》

瑞玉曰：「君豈嘗謂民曰『汝無衣，吾與子同袍』乎？及有事，則曰『修我戈矛，吾與子同伐仇敵』，言不與民同欲，而惟同怨，故刺之。」余曰：「鄭箋亦如此說。」（P793）

15. 《陳風・東門之池》

瑞玉《東門之池》解云：「此男女婚姻之正也。時有親迎者，故詩人因所見以起興，與《桃夭》詩同。《東門之池》，親迎所經也。『漚麻』記見也。淑姬，猶淑女，『可與晤歌』，猶言『令德來教』也。反覆玩味，但有夫婦之意而無淫狎之情。且漚麻必須漸漬，久而後成，以喻夫婦尤切。若淫奔者倉猝聚會，竊恐未易言此也。」又曰：「《小序》以爲刺詩，如《靜女》之類，亦不見所據。」

郝注：「愚按瑞玉此解不爲無見。且以下篇《東門之楊》例之，彼亦親迎者所經之地，於義尤確，書以俟知者。」（P764）

16. 《檜風・素冠》

癸丑六月，余與瑞玉說詩，復及此篇，瑞玉悽然不勝情，因而罷講，蓋是時外姑沒三年矣。是歲七月，余母氏旋見背。嗚呼！蓼莪之廢，與瑞玉同矣。（P766）

17. 《曹風・鳲鳩》

瑞玉曰：「玩《鳲鳩》託興，似意取均平耳。」余曰：「專一，本也。均平，用也。劉向嘗云：『《傳》曰：鳲鳩所以養七子者，一心也。君子所以理萬物者，一儀也。』可見專一是本。」瑞玉說：「其子七兮，恐鳲鳩是一生連七子，如鴿生二子，蠶生九十九子之類。」

余問：「以次第言，首二章自內及外，則末二章宜由近及遠，詩胡不然？」瑞玉曰：「四國遠而難正，故先言。國人近而易及，故後言。不特此也。必儀不忒，然後足以正四國。至於四國既正，於正國人何有？故於四國則言儀，於國人則不言儀，蓋蒙上章之文耳。」（P766）

18.《豳風・七月》

瑞玉言：「『采蘩祁祁』何以繼『爰求柔桑』之後？」蘩，白蒿也，所以生蠶，今人亦有用蒲公英者。孔穎達云：『蒿，青而高，蘩，白而繁。』蒲公英蓋蘩類，求桑又采蘩，想見蠶桑苦，女工難，古聖王之所以軫念也。（P766）

瑞玉問：「『女心傷悲』應作何解？」余曰：「恐是懷春之意，《管子》亦云『春女悲』。」瑞玉曰：「非也，所以傷悲，乃爲女子有行，遠父母故耳。」蓋瑞玉性孝，故所言如此。余曰：「此匡鼎說詩也。」（P766）

瑞玉說「七月亨葵及菽」：「葵，荣也。荣固可烹，若菽如何可烹？所謂烹葵及菽者，蓋即於今作豆粥法耳。」（P767）

瑞玉言：「『八月斷壺』，非供食也。瓠八月味苦，不任食。斷者爲壺，任用耳，故瓠爲壺。」又言：「『采荼薪樗』，孔穎達謂：『荼以爲荣，樗以爲薪，各從所宜。』此說非也。古者草木賞落，然後人山林。九月非采薪之時，且下句遂言『食我農夫』，似此二者皆指食言。蓋樗即椿類。椿有香者，取其葉生醃之，可爲泪。九月葉可食之時，薪者枝落之，采其葉。以足知薪樗不爲卬炊用明矣。」（P767～768）

六月二十一日夜，余爲瑞玉說《七月》詩畢，因問：「此詩前三章何故『七月流火』凡四見？」瑞玉曰：「流火是初秋，去寒漸近，爲授衣計，故重復丁寧，俾知先事之警耳。」瑞玉因言：「《東山》詩何故四章俱云『零雨其濛』，蓋行者思家，惟雨雪之際尤難爲懷，所以《東山》勞歸士則言雨，《采薇》之遣戍役則言雪，《出車》之勞還率亦言雪。」（P768）

19.《豳風・東山》

余問：「征夫于役，室中豈無他人，何至如次章所云滿目荒涼，若闃其無人者乎？」瑞玉答曰：「此實錄也。試思自伯之東，感飛蓬而獨居，卻膏沐而不釁，草不除，故果臝之實施於宇矣，室不掃，故伊威在室矣。戶長扃，故蠨蛸在戶矣。町畽鹿場，則人物雜居，熠耀宵行，則流光自照，反覆寫來，眞覺陰森可畏，幽怨動人，後世閨情之作，雖極意臨撫，相去何啻倍蓰。」（P768）

瑞玉說：「『自我不見，于今三年』二句可疑，古者戍役兩期而還，今年春莫行，明年夏代者至，復留備秋，至過十一月而歸。又明年中春至，春末遣次戍者，每秋與多初兩番戍者皆在疆圉，此古法也。以《采薇》詩觀之，便可見。又《白虎通》云：『古者師出不踰時，爲怨思也。』又《左傳》云：

『瓜時而往，及瓜而代。』夫三月爲一時，瓜期亦不過一歲。據《左傳》、《白虎通》，遠者纔一年，近者不過三月，即據兩期之說亦不應待至三年然後歸，況周公仁民，爲心，勞歸士情意如此纏綿，豈有率師而出，不恤怨曠而肆意罷民如此哉？果是，如何？」余答曰：「便是此處難解，云周公東征三年，在經原無正文，乃傳者據此詩二語爲斷耳。考《竹書紀年》成王元年秋，武庚以殷叛，周公居東。二年，奄人、徐人及淮夷入於邶以叛。秋，大雷電以風，王逆周公於郊，遂伐殷。三年，王師滅殷，殺武庚，遂伐奄，滅蒲姑。四年春正月初朝於廟。若據此看來，周公自二年秋東征，至四年春便還，前後不過年餘，舉成數，故云三年耳。又以見周公之憫歸士，未久而似久也，且詳味詩意，前三章都是秋景，至末一章獨言春日，蓋軍士以秋歸，以冬至家，比及周公作詩之時，則又來年春矣。故末章遂及嫁娶之事，言婚姻及時也。此事詩書缺載，據《竹書紀年》所記年月始終，恐得其實，未知是否？」瑞玉曰：「恐是如此。」又曰：「讀此詩可知越王句踐之生聚其民，不過欺賣之耳，那有眞意！」（P769）

20.《豳風・破斧》

余問：「《毛傳》『四國』是管、蔡、商、奄，於時事較切，朱子改爲『四方之國』，卻似說開了，如何？」瑞玉答曰：「四國解作四方，義理較闊大，如古注反說小了。且『東征』二字即指『管、蔡、商、奄』，何須復言四國乎？古人文字定無如此複沓者。」（P770）

21.《小雅・瞻彼洛矣》

《序》云：「刺幽王也，思古明王能爵命諸侯，賞善懲惡焉。」瑞玉曰：「此序非也，疑美宣王之詩，與《車攻》、《吉日》等篇風味頗似。（P795）

22.《小雅・車舝》

瑞玉說：「《間關》詩做得好，反覆詠歎，津津而有味，好德如好色，吾於《間關》見之矣。」瑞玉欲以《間關》配《關雎》，以爲得性情之正。余謂：「《關雎》寤寐輾轉，此《詩》何故不言？」瑞玉曰：「《關雎》是宮人作，故極言所思，《間關》則是自作，故止言既見耳。且『匪饑匪渴』，即未見，亦何嘗不思耶？」（P773）

　　余問「依彼平林，有集維鷮」。瑞玉曰：「雉性耿介以興『令德來教』，尤切，詩故取義不苟耳。」瑞玉因言：「『雖無旨酒，式飲庶幾。雖無嘉殽，式食庶幾』，何故必言及此？蓋詩本爲燕樂新婚而作，此章乃正文也。」（P773）

　　「高山仰止，景行行止」二句，將好德意寫得如此淋漓，讀罷令人起舞，故曰詩之好仁如此。瑞玉說：「二句雖興，亦兼有比意，高山喻德之高也。景行喻德之大也。」因問：「『四牡騑騑，六轡如琴』與高山二語如何聯屬？」余曰：「高山，親迎所見也，景行，親迎所經也。蓋因所見以起興，如此看則上下文一貫。」（P773～774）

23.《大雅・思齊》

　　余問：「下章方言『刑于寡妻』，何故此處先言『太姒嗣徽音』？」瑞玉曰：「此表太姒之賢也。見得太姒本能嗣音，得文王爲儀刑，而益成其德。南豐曾氏曰：爲之師傅保姆之助，詩書圖史之戒，珩璜琚瑀之節，威儀動作之度，其教之者有此具，然古之君子未嘗不以身化也，故家人之義歸於反身，二南之業本於文王，正謂此也。（P776）

24.《大雅・卷阿》

　　詩中吉祥之語，瑞玉尤喜誦之，余詰其故，答曰：「詩中吉祥語皆聖賢所作，或歌詠聖賢之作耳。思其人猶愛其樹，況於其詩乎？」瑞玉檢書必數盥其手，曰：「聖賢語，宜敬對。」（P781）

25.《周頌・載芟》

　　瑞玉說：「『思媚其婦，有依其士』二句情景如生。」余謂：「『或來瞻女』一句，不曰『來餉』而曰『來瞻』，亦親熱可愛也。」余嘗問：「『思媚』二語可倒看否？」瑞玉曰：「不可。媚，順也。依，愛也，大凡婦女無不愛其夫，其不相得，多由夫不順其婦耳。」余曰：「夫美婦之饁，故思媚之，婦閔夫之勞，故有依之。」（P785）

26.《大雅・韓奕》

　　瑞玉曰：「『百兩彭彭，八鸞瑲瑲』，非車而何？」余曰：「彼自爲車，此自是帛知然者，百兩之下有八鸞，明是車也。此云『百兩御之』，御，進也，言納幣時已進，此盛禮。下章云『百兩將之』，將，送也，送女亦百兩，《豳風》云『九十其儀』是也。」（P790～791）

27. 瑞玉幼時不讀「變風」、「變雅」之作，余曰：「此真得詩人之性情之正。」（P754）

（二）《詩問》（《山東文獻集成》第二輯第47冊）

1.《周南‧關雎》「參差荇菜，左右芼之。」

　　余問：「流之、采之，左右無方，至於芼之，何言左右？」瑞玉曰：「芼，熟而薦之。廟有昭穆，故言左右爾。」（P213）

2.《周南‧葛覃》「葛之覃兮，施于中谷，維葉萋萋。黃鳥于飛，集于灌木，其鳴喈喈。」

　　瑞玉曰：「葛葉生，黃鸝鳴，早夏間也。婦人勤事感候輒思，灌木飛鶯，聞聲而喜，於是閨中相戒。此采葛之候也。」（P213）

3.《周南‧卷耳》

　　瑞玉曰：「若為后妃思文王，當在囚羑里時，作者其有憂患乎？然攜筐采菜、策馬登山，誰云后妃而有是事？雖假言之，不似也。云求賢審官，知臣之下勤勞，亦未安。」（P214）

4.《周南‧螽斯》「螽斯羽，詵詵兮。宜爾子孫，振振兮。」

　　瑞玉曰：「詵詵，羽未成而比聚之貌。振振，舒翼欲飛。」（P215）

　　「螽斯羽，薨薨兮。宜爾子孫，繩繩兮。」

　　瑞玉曰：「薨薨，羽成群飛聲，繩繩，不絕也。」（P215）

　　「螽斯羽，揖揖兮。宜爾子孫，蟄蟄兮。」

　　瑞玉曰：「揖揖，斂羽下集貌，蟄蟄，安息也。」（P215）

5.《周南‧漢廣》

　　瑞玉問：「不可求是誰不可？將謂是女，豈美化偏被女子，未及男子？」余曰：「求是男不可，即是男也。二《南》之篇，男女皆貞良，愚素知之爾。」（與《詩說》相重複）（P216）

6.《召南‧鵲巢》「維鵲有巢，維鳩居之。」

　　瑞玉曰：「鳩，鳴鳩也，鳲當鳴字之訛，今驗居鳩巢者，正鳴鳩爾。」（P216～217）

7.《召南・草蟲》

　　余問:「蟲鳴螽躍,晚秋時也,采蕨采薇,卻在春夏?」瑞玉曰:「兩年事耳。君子行役當在春夏間,涉秋未歸,故感蟲鳴而思,至來年春夏猶不歸,故復有後二章。」(P219)

8.《召南・行露》,美貞女也,衰亂之俗微,貞信之教興,女子以禮自防爾。

　　瑞玉問:「《序》云:召伯聽訟也。又云:強暴之男不能侵凌貞女。《箋》謂:六禮之來,強委之。《疏》謂:經三章首言所以有訟,下二章陳男女對訟之辭。審如所言,強委禽陵(侵凌)貞女,是乃大亂之道。文王為君,召伯聽訟,寧宜有此!」(P220)

9.《召南・殷其靁》

　　瑞玉曰:「靁之為物,但聞其聲不見其形,不可必知其所在。行役蹤跡靡定,亦音書可聞,人不可見。故三章之中,南山同處,所在異方,有似靁矣。」(P221)

　　瑞玉問:「行役言信厚何?」余曰:「人臣不貳心於君,不諉事於友,事大畢然後歸,此謂信厚。」(P221)

10.《召南・江有汜》「江有汜,之子歸,不我以。不我以,其後也悔。」

　　瑞玉曰:「之子,斥嫡也。」(P222)

11.《邶風・柏舟》「薄言往愬,逢彼之怒。」

　　瑞玉曰:「謂之『逢』者,若兄弟本非怒己,適逢之爾,詩人之忠厚。」(P224)

12.《邶風・綠衣》「綠兮絲兮,女所治兮。我思古人,俾無訧兮。」

　　瑞玉曰:「『訧』字,從言,疑如《楚辭》『眾女謠諑』之意。」(P225)

13.《邶風・燕燕》「燕燕于飛,差池其羽。」

　　瑞玉曰:「燕燕,雙燕也。」(P226)

　　「仲氏任只,其心塞淵。終溫且惠,淑慎其身。先君之思,以勗寡人。」

瑞玉曰：「惠，慧也。寡人，莊姜也。言仲氏之才，可任大事，其心篤實深沉，終溫且有智慧，故遠送，欲有謀也。又言機事深密，能善慎其身，臨行惟以先君之思勉寡人，若不及他事然。」（P226）

14. 《邶風・日月》「日居月諸，出自東方。乃如之人兮，德音無良。胡能有定？俾也可忘。」

瑞玉曰：「『德音無良』不合，斥言先君施之州吁則可。」（P227）

15. 《邶風・凱風》「凱風自南，吹彼棘薪。母氏聖善，我無令人。」

瑞玉曰：「天王明聖，止因不見君親有過處，非苟為斯言爾。」（P229）

「爰有寒泉，在浚之下，有子七人，母氏勞苦。」

瑞玉曰：「觀此當是因貧失養，母有去志，非本情也。」（P229）

16. 《邶風・雄雉》，戒僚友也。軍旅數興，大夫久役，居者思其危難而作。

瑞玉曰：「作者非婦人也，婦人思其君子足矣，何廣言百爾也。前二章慮其遭害，三章極其憂思，四章勉以善道。」（P229～230）

17. 《邶風・匏有苦葉》「招招舟子，人涉卬否。人涉卬否，卬須我友。」

瑞玉曰：「以手曰招，招之即從，以刺夷姜。」（P230）

18. 《邶風・谷風》「毋逝我梁，毋發我笱。」

瑞玉曰：「『毋逝我梁，毋發我笱』喻言新婦毋循我舊事，毋學我作家，效我所為，當復如我見棄也。」又言：「我身不見容，何暇憂我去後事。」（P231）

19. 《邶風・簡兮》「碩人俁俁，公庭萬舞。有力如虎，執轡如組。左手執籥，右手秉翟。赫如渥赭，公言錫爵。」

瑞玉曰：「赫然，貌赤如厚傅丹，句連『公言賜爵』，蓋酒能發顏，卒爵而色赫然爾。」（P233）

20. 《邶風・泉水》「毖彼泉水，亦流于淇。有懷于衛，靡日不思。孌彼諸姬，聊與之謀。」

瑞玉曰：「毖泉始出，衛女當是初嫁，婦人思歸，初嫁尤切也。泉流於淇，不反於泉，女適他國，不反於衛。」（P233）

21.《邶風・北門》「出自北門，憂心殷殷。終窶且貧，莫知我艱。」

　　瑞玉曰：「『窶』字，從穴，謂居陋也。『貧』字從貝，謂財少也。」（P234）

　　「王事適我，政事一埤益我。我入自外，室人交徧讁我。已焉哉，天實為之，謂之何哉。」

　　瑞玉曰：「室人亦不知己志，故解之，言『已焉哉，實為之，謂之何哉』，風其室人，安命之辭。」（P234）

　　「王事敦我，政事一埤遺我。我入自外，室人交徧摧我。已焉哉，天實為之，謂之何哉。」

　　瑞玉曰：「窮迫極矣，慰解室人無異辭，曰『天實為之，謂之何哉』而已，篤道君子也。」（P234）

22.《邶風・靜女》，《序》云刺時也。

　　瑞玉曰：「思靜女者，思其幽閒之德，以禮進見於君。彤管，取其有禮法也。歸荑，取其奉祭祀也。當時實無此女，有則可以配人君爾。」（P235～236）

23.《邶風・新臺》

　　瑞玉曰：「宣公臨河為臺，欲媚伋妻，求其安順於己，此醜行也，如是人乃亦不少。」（P236）

　　「新臺有泚，河水瀰瀰。燕婉之求，籧篨不鮮。」

　　瑞玉曰：「如是人亦復不絕。」（P236）

　　「魚網之設，鴻則離之，燕婉之求，得此戚施。」

　　瑞玉曰：「設魚網反得鴻，迎子婦反得妻，宣公惟求安順於己，故得此醜惡之疾。籧篨，龜胸，戚施，駝背，喻俯仰有愧。」（P236）

　　《新臺》，《序》云刺衛宣公也，納伋之妻於河上，作新臺要之，國人惡之而作是詩。

　　瑞玉曰：「《經》皆刺宣公，如《箋》說乃刺宣姜矣。非《序》意也，故正之。」（P236）

24.《鄘風・桑中》，思奔也。雖思而未奔，未奔而有思。

　　余問：「姜、弋、庸者皆著姓，何俱稱孟？期、要、送，何故同地？」瑞玉曰：「設辭爾。衛當宣惠之世，男女奔誘，世族宣淫。詩人幻其辭以戒之，

事非本有，故地處偶同。不然直刺人惡，非所謂厚也，其不爲洩治之續與？」
（P238～239）

25.《鄘風‧定之方中》「靈雨既零，命彼倌人。星言夙駕，說于桑田。匪直也人，秉心塞淵，騋牝三千。」
　　瑞玉曰：「騋牝，貴息也。駉牡，貴用也。」（P239）

26.《鄘風‧蝃蝀》「蝃蝀在東，莫之敢指。女子有行，遠父母兄弟。」
　　瑞玉曰：「女子在室有惡，父母兄弟指之，行嫁而遠，至親無人敢指矣。」
（P240）
　　「朝隮于西，崇朝其雨，女子有行，遠兄弟父母。」
　　余問：「東西有何意？」瑞玉曰：「猶東家食西家宿然。」（P240）

27.《鄘風‧相鼠》，《序》云：「刺無禮也。」
　　瑞玉曰：「婦詛夫，大不敬已，則無禮而責人乎？」（P240）

28.《鄘風‧載馳》「載馳載驅，歸唁衛侯。驅馬悠悠，言至于漕。大夫跋涉，我心則憂。」
　　瑞玉曰：「夫人言我自欲馳驅，歸唁衛侯於漕，今但令大夫跋涉而往，非我心，我則憂之。」（P241）
　　「陟彼阿丘，言采其蝱。女子善懷，亦各有行。許人尤之，眾穉且狂。」
　　瑞玉曰：「女子陰性閉固，有感則懷，沈綿不解，故曰善懷，猶『工欲善其事』之善，古注云多懷，非也。」（P241～242）
　　「我行其野，芃芃其麥。控于大邦，誰因誰極。大夫君子，無我有尤。百爾所思，不如我所之。」（P242）
　　瑞玉曰：「夫人，古烈女也，申包胥似之。」（P242）

29.《衛風‧淇奧》「終不可諼兮。」
　　瑞玉曰：「終不可諼，蓋武公沒而人頌之辭。」（P242）

30.《衛風‧碩人》「碩人敖敖，說于農郊。四牡有驕，朱幩鑣鑣，翟茀以朝。大夫夙退，無使君勞。

余問：「夫人來舍，止近郊，君子當輟朝親迎，何假復言夙退？」瑞玉曰：「於禮，大夫見小君，此言朝廟畢，大夫執贄見，當早退，無使小君久勞苦，不得與君相親歡，今不然也。」（P244）

《序》云：閔莊姜也。

余問：「莊姜賢而美，《經》何不言其賢？」瑞玉曰：「曉庸主法爾。族類之貴，容貌之美，禮儀盛多，士女佼好，皆俗情欣豔之事，夫人兼有之，視嬖妾何如也？而不見答也。」（P244）

31.《衛風‧氓》「氓之蚩蚩，抱布貿絲。匪來貿絲，來即我謀。送子涉淇，至于頓丘。匪我愆期，子無良媒。將子無怒，秋以爲期。」

瑞玉曰：「《傳》云：布，幣也。幣可抱，泉不可抱。」（P244）

瑞玉問：「亦豈有媒？復約秋期，寧由媒說也？」余曰：「男女約昏，必先有行媒，議未成，男子遂假貿絲自來誘之，女怨男言前者子用媒不良，令我衍期不時歸，男答言請子無怒，至秋當復來與子謂後期。」（P244）

「桑之落矣，其黃而隕。自我徂爾，三歲食貧。」

余問：「即賄遷，何憂食貧？」瑞玉曰：「男狹邪不務生業，女饒資財，何益也？」（P245）

「信誓旦旦，不思其反。反是不思，亦已焉哉。」

瑞玉曰：「平旦氣清，要質鬼神，尤可憑信，故曰『信誓旦旦，及爾偕老』，即信誓之辭也。」余問：「爲婦三歲，即見棄，何遽言老？」瑞玉曰：「食貧之婦，容華易落，得不速老也？言始誓與爾偕老，今老反使我怨，淇之岸、隰之泮，我昔從此道而來，今不堪追憶也。」

瑞玉問：「束髮已私相宴安，言笑何待貿絲時？」余曰：「總角相狎，比長男女別嫌，不復通問，及貿絲相誘，始成信誓。我當時爲信，曾不思其言可復否，不思其復則反是者，不思及今而棄其信誓，亦已矣，雖悔可追也。」（P245～246）

32.《衛風‧伯兮》「其雨其雨，杲杲出日。願言思伯，甘心首疾。」

瑞玉曰：「先言其雨者，雨暫止而日出。再言其雨者，雨旋止，日復出也。軍行以雨爲憂，以晴爲喜，故思及之，願言思伯。《箋》於《詩》之『願言』之言俱訓爲『我』，朱子或訓『念』，然訓『言』爲『念』，思又爲『念』，恐

文義重沓。竊謂『言』者，口道之也，心有所思，口輒道之。」余問：「何以『言』先於『思』？」答曰：「名言在茲，允出在茲，凡詩中『願言思』連文者倣此。」（P247）

《伯兮》，怨久役也。古者師出不踰時，所以厚民性也。

瑞玉曰：「篇內言『伯』者六，前二皆言『伯兮』，其四直呼曰『伯』，思專情切，不覺數言之，又曰『誰適爲容』，見其貞靜專一也。」（P248）

33. 《王風・黍離》「彼黍離離，彼稷之苗。行邁靡靡，中心搖搖。知我者，謂我心憂，不知我者，謂我何求？悠悠蒼天，此何人哉！」

瑞玉曰：「稷，今俗謂之穀。植者早穀，晚者秋穀，熟之先後，常距月餘。此云『苗』，蓋秋穀也。下云穗實，蓋早穀也。然『黍』常云『離離』，豈黍亦有秋早也？」余曰：「靡靡，疲乏貌，言周地皆爲秦有，彼黍彼稷，外之之辭，我行路見之，心中搖搖然驚動。但人心不同，不知我之憂者，將謂此固民田爾。徘徊又何求？因呼蒼天，此何王之宮廟也，不忍斥言之。」（P248～249）

34. 《王風・君子于役》「君子于役，不日不月。曷其有佸，雞棲于桀。日之夕矣，羊牛下括。君子于役，苟無饑渴？」

瑞玉曰：「俗云雞上柴，晚主天晴。」（P249）

35. 《王風・中谷有蓷》「中谷有蓷，暵其乾矣。有女仳離，嘅其嘆矣。嘅其嘆矣，遇人之艱難矣。」

瑞玉曰：「蓷，資谷潤，婦藉夫恩，故以爲興。」（P250）

36. 《王風・大車》「大車檻檻，毳衣如菼。豈不爾思，畏子不敢。」

瑞玉曰：「男女先爲私誓，及此大夫爲政，民畏之，所私者責其負約，答之云爾：『不聞檻檻者非車聲乎？不見如菼者非毳衣乎？我豈負約不爾思者，直畏子大夫不敢爾。』」（P252）

「穀則異室，死則同穴。謂予不信，有如皦日。」

瑞玉問：「淫奔之人，生固異室，死豈同穴？古注異室同穴，謂大夫使夫婦有別，然夫婦正何須設誓？《經》又不見陳古刺今意。」（P252）

《大車》，有畏也。周大夫刑以防淫私邑以治，民畏而歌之。

瑞玉曰：「詩人代淫者之辭，爲大夫作。」（P252）

37.《王風・丘中有麻》，《序》云思賢也。留氏，周之賢人，遯於丘園，
　　國人望其里居而歎焉。

　　　瑞玉曰：「人情好賢，經時輒思，每見新物則益憶之。有麻，秋時。有麥，
夏時。無時不思也。麻麥，穀也，李，果也，無物不思也。」（P253）

38.《鄭風・緇衣》，好賢也。

　　　瑞玉曰：「舊云鄭武公養賢而賦《緇衣》，非賢武公也。」（P254）

39.《鄭風・將仲子》「將仲子兮，無踰我里，無折我樹杞。豈敢愛之？
　　畏我父母。仲可懷也，父母之言，亦可畏也。」

　　　余問：「里牆園有何意？」瑞玉曰：「里，較遠也，喻無洩於國也。洩於
國，父母知之，將譖我。母，謂武姜也。」（P254）

　　　「將仲子兮，無踰我牆，無折我樹桑。豈敢愛之？畏我諸兄。仲可
懷也，諸兄之言，亦可畏也。」

　　　瑞玉曰：「牆，稍近，喻無洩於朝也。洩於朝，諸大夫知之，將議我。諸
兄，公族也。」（P254）

　　　「將仲子兮，無踰我園，無折我樹檀。豈敢愛之？畏人之多言。仲
可懷也，人之多言，亦可畏也。」

　　　瑞玉曰：「園尤深，隱喻無洩於後宮也。洩於後宮，左右之人將漏言於外，
謀敗矣。人，謂今臣也。」（P254）

　　　《將仲子》，《序》云刺莊公也。

　　　瑞玉曰：「篇內通作隱語，假莊公戒仲之辭。『無踰我里』，喻無談我家事
也。『無折我樹杞』，喻無勸我除段也。仲謂公曰：『今京不度，非制也，將不
堪，宜削其地。』公答言：『削其地，顧令彼坐而疑我矣，姑待之。』仲不復
言，卒與公伐叔段而奔之。」（P254）

40.《鄭風・遵大路》「遵大路兮，摻執子之袪兮。無我惡兮，不寁故也。」

　　　瑞玉曰：「民間夫婦偶以細事爭忿，夫循大路而去，婦從後挽留之，言『子
無以小嫌而惡我，不可以倉卒棄故舊也。』動以夫婦舊恩，則怒心平。以《經》
言『寁』，故知事由倉卒爾。」（P256）

　　　「遵大路兮，摻執子之手兮。無我魗兮，不寁好也。」

瑞玉曰：「婦人挽留，情急，初攣之得其祛，又攣之得其手，復言無以色衰而趫我，不可以倉卒棄，情好也。婦辭愈婉，夫怒愈平。」（P256）

《遵大路》

瑞玉曰：「留夫也。民間夫婦反目，夫怒欲去，婦懼而挽之。聖人取此者，見夫義婦順，雖有小嫌，婦當降下於夫，不可自尊而失婉順之禮也。」（P256）

41. 《鄭風‧丰》「衣錦褧衣，裳錦褧裳。叔兮伯兮，駕予與行。」

瑞玉曰：「叔伯，女之伯父、叔父也。既告之悔，因呼兄弟曰『女衣裝備具可以行嫁，汝其駕我之車，追而行之』。」（P259）

「裳錦褧裳，衣錦褧衣。叔兮伯兮，駕予與歸。」

瑞玉曰：「行在塗也，歸至家也。」（P259）

《丰》，美有禮也。

余問：「若謂男行而女不隨，《經》當云『悔予不從』，何云『不送』？迎己者一而已，叔則非伯，伯即非叔，抑二人與？」瑞玉曰：「女之父母辭也。時有不備禮而迎者，父母不肯遣女，既悔追而遣之，得禮之變矣。詩人述其事，為之辭。」（P259）

42. 《鄭風‧風雨》「風雨淒淒，雞鳴喈喈。既見君子，云胡不夷。」

瑞玉曰：「寒雨荒，雞無聊甚矣。此時得見君子，云何而憂不平？故人未必冒雨來，設辭爾。」（P260）

「風雨瀟瀟，雞鳴膠膠。既見君子，云胡不瘳。」

瑞玉曰：「暴雨如注，群雞亂鳴，此時積憂成病，見君子則病癒。」（P260）

「風雨如晦，雞鳴不已。既見君子，云胡不喜。」

瑞玉曰：「雨甚而晦，雞鳴而長苦寂甚矣，故人來，喜當如何？」（P260）

《風雨》

瑞玉曰：「思故人也。風雨荒寒，雞聲嘈雜，懷人此時尤切，或亦夫婦之辭。」（P260）

43. 《鄭風‧子衿》「青青子衿，悠悠我心。縱我不往，子寧不嗣音？」

瑞玉曰：「師憂弟子廢學而言。彼青衿之子，頑童也。我心長思之，縱我不往館中，子寧輟弦誦之音聲？」（P260）

「青青子佩，悠悠我思。縱我不往，子寧不來？」

瑞玉曰：「縱我有時不往，子寧不來學舍？」（P260）

「挑兮達兮，在城闕兮。一日不見，如三月兮。」

瑞玉曰：「師人入學乃見諸弟子皆不來，跡之，嬉戲城上，於是歎言『一日不視學舍，業荒廢如二月之久也。」（P260）

《子衿》，《序》云刺學校廢業。世亂學荒，生徒解散，師儒閔其弟子失學而作。

瑞玉曰：「師儒以事去館，士子捨業嬉遊，憂之而作。」（P260）

44.《鄭風·野有蔓草》「野有蔓草，零露溥兮。有美一人，清揚婉兮。邂逅相遇，適我願兮。」

瑞玉曰：「方春草長，群女出遊，人兄其尤（蓋『有』字之誤）美者一人，眉目清揚，貌又婉順，喜於邂逅，遂願也。」（P261）

「野有蔓草，零露瀼瀼。有美一人，婉如清揚。邂逅相遇，與子偕臧。」

瑞玉曰：「婉如清揚，既婉如又清揚，審視之更見其美也。與子偕臧，言欲嘉禮會合，思不及亂。」（P261）

《野有蔓草》，喜遇也。

瑞玉曰：「鄭國之俗，士女春遊，踏草而歌，詩人道其慕說之意爾，後人賦詩斷章，遂為遇賢之作。」（P261）

45.《鄭風·溱洧》「溱與洧，方渙渙兮。士與女，方秉蕑兮。女曰：『觀乎？』士曰：『既且。』『且往觀乎！』洧之外，洵訏且樂。維士與女，伊其相謔，贈之以勺藥。」

瑞玉曰：「春水方渙，士女秉蘭而遊，此士女未嫁娶者也，又有夫婦偕往者，女問男曰：『往觀乎？』士答曰：『已觀矣。』因謂女曰：『且往觀乎？』洧水之外，其地信寬，大可樂其人，則士女相謔，贈勺藥，結姻好也。汝盍往觀之。」（P262）

《溱洧》，《序》云刺亂也。

瑞玉曰：鄭國之俗，三月上巳修禊。溱洧之濱，士女遊觀，折華相贈，自擇昏姻，詩人述其謠俗爾。」（P262）

46. 《齊風‧雞鳴》「雞既鳴矣，朝既盈矣。匪雞則鳴，蒼蠅之聲。」

瑞玉曰：「朝別色始入，君日出而視，雞鳴豈朝盈之時？蠅聲天將曙，雞鳴夜半後，安得誤蠅聲為雞鳴？」余曰：「賢妃恐君晏起，初告曰『雞鳴矣，可以起』，有頃曰『朝盈矣，當即起』，又曰『匪但雞鳴，蠅已飛起作聲矣』，三告也。」（P262）

「蟲飛薨薨，甘與子同夢。會且歸矣，無庶予子憎。」

瑞玉問：「古注會朝之人且能罷歸，恐未安。」余曰：「會且，猶行將也。賢妃告去曰『我行且歸矣』，無以我故而多予子憎。」（P262）

47. 《齊風‧著》，美親迎也。士有親迎者，女家悅其服飾之盛，君子喜其重大昏之禮，述以美焉爾。

瑞玉曰：「《經》未見刺不親迎意。」（P263）

48. 《齊風‧南山》「葛屨五兩，冠緌雙止。魯道有蕩，齊子庸止。既曰庸止，曷又從止？」

瑞玉曰：「屨必兩，緌必雙，物各有耦，魯桓是齊子之耦也。」（P264）

《南山》，刺淫也。《春秋》桓十八年，公與夫人姜氏如齊，齊人刺焉。舊說刺襄公。

瑞玉曰：「二章刺文姜，二章刺魯桓，《經》不言襄公，為諱爾，不待言矣。」（P265）

49. 《齊風‧猗嗟》「猗嗟名兮，美目清兮。儀既成兮，終日射侯。不出正兮，展我甥兮。」

瑞玉曰：「『展我甥兮』，歎美辭。說者謂拒時人，言齊侯之子，則輕薄語矣。」余曰：「賓射，張布侯而畫正，此章蓋賓射。」（P266～267）

50. 《魏風‧汾沮洳》，美勤儉也。

瑞玉曰：「古者君夫人躬桑以蠶，大夫妻采蘋而祭，此詩尤二《南》矣，何刺焉？」

余問：「公路舉官則是大夫，玉英著美又似女子？」答曰：「大夫妻爾，婦從夫之爵。」（P268）

51.《魏風・陟岵》「陟彼岡兮，瞻望兄兮。兄曰：『嗟予弟，行役夙夜
必偕！上慎旃哉，猶來無死。』」

瑞玉曰：「父曰、母曰、兄曰以下，追憶臨行戒命也。孝子一舉足，不敢
忘父母，一出言，不敢忘父母。夙夜無已，思不止也。夙夜無寐，思之長也。
夙夜必偕，夢見之也。皆述父母兄念己之辭，不主行役者言。」（P269）

52.《唐風・蟋蟀》「蟋蟀在堂，歲聿其莫。今我不樂，日月其除。無已
大康，職思其居。好樂無荒，良士瞿瞿。」

瑞玉曰：「三農畢務，民間燕會歌呼爲樂，少年歌曰：『蟋蟀在堂，歲聿
其莫，今我不樂，日月其除。』老人意不謂然，乃賡歌曰：『無已大康，職思
其居，好樂無荒，良士瞿瞿。』是則詩人所述，辭兼兩人，非文出一口爾。」
（P271）

53.《唐風・山有樞》，風吝嗇也。

瑞玉問：「車馬鐘鼓非細民宜有，以爲笞前篇意，竊恐未安。」余曰：「然
小序亦失之，云刺昭公，亦非章末二語，非當施之君者，戒僚友則可爾。『宛
其死矣，他人是愉』，亦不必他姓奪之。慳吝之家必有淫嗣，父祖半生辛苦，
子孫一旦豪華。」（P272）

54.《唐風・羔裘》「羔裘豹褎，自我人究究。豈無他人？維子之好。」

瑞玉曰：「居，安也。究，窮也。與人倨倨然，舉事察察然，尊貴人氣習
如此。」（P274）

55.《唐風・有杕之杜》，閔晉也。

瑞玉問：「《序》言刺晉武公寡特，不求賢自輔，恐未安。《經》言道左、
道周，隱僻之喻。武公據有晉國，地非隱僻。倘與眾盛，何言寡特？」余曰：
「詩蓋作於武公並晉之前，鄂侯、翼侯立國偏隅，孤特無輔，忠臣遺老號召
君子求助爾。」（P275）

56.《秦風・車鄰》「有車鄰鄰，有馬白顛。未見君子，寺人之令。」

瑞玉曰：「未得見君，小臣便自傳令，無禮教也。」（P276）

57.《秦風‧駟驖》「駟驖孔阜，六轡在手。公之媚子，從公于狩。」

　　瑞玉曰：「左右之人親，忠直之士疏爾。」（P277）

　　「遊于北園，四馬既閑。輶車鸞鑣，載獫歇驕。」

　　瑞玉曰：「不以田畢蒐軍講武，狗馬是娛而已。」

　　《駟驖》，歌田獵也。襄公有田狩園囿之樂，亦雜西戎之俗，詩人感而風之。

　　瑞玉曰：「《車鄰》、《駟驖》，皆文美而實刺。前篇刺其無禮義而親近習之人，此篇刺其喜遊田而遠忠良之士，皆述戎俗爾。」（P277）

58.《秦風‧小戎》「言念君子，溫其如玉。在其板屋，亂我心曲。」

　　瑞玉曰：「婦人言我君子溫溫人爾，今處板屋，不耐勞苦，悶而思之，遂亂心曲。」（P277）

　　「四牡孔阜，六轡在手。騏駵是中，騧驪是驂。龍盾之合，鋈以觼軜。言念君子，溫其在邑。方何爲期？胡然我念之。」

　　瑞玉曰：「方言馬，何雜盾？」余曰：「馬八尺以上爲龍，車上載盾，馬之高幾與盾合也。觼，環之有舌者，軜，驂內轡也。置觼式前繫軜，亦沃白金爲飾也。」（P278）

　　瑞玉問：「此句宜與『遊環肋驅』文相次？」余曰：「上章說車，此章說馬，觼軜爲馬設故爾。邑，城堡也，在板屋，猶野處。在邑則築城而戍之。方，將也，既築城爲久屯計，方不知何時爲歸期，胡然我又思念之，言不可解。」（P278）

　　「蒙伐有苑，虎韔鏤膺。」

　　瑞玉曰：「膺，韔胸也，金鏤飾之，若今時弓室金丁爾。《毛傳》云：『膺，馬帶。』非也。」（P278）

59.《陳風‧宛丘》「子之湯兮，宛丘之上兮。洵有情兮，而無望兮。」

　　瑞玉曰：「陳之貴者，挾伎山遊，故言子之游蕩而往宛丘上也。信有閒情，而無威望。上者，民之望也。」（P281）

　　「坎其擊鼓，宛丘之下。無冬無夏，值得鷺羽。」

　　瑞玉曰：「人過宛丘下，無問冬夏，所聞皆擊鼓之聲，所值即羽舞之容，巫風盛也。」（P281）

《宛丘》

瑞玉曰：「刺巫風也。士大夫延巫覡，恒舞酣歌於盛會之地，是謂巫風爾。陳之先大姬婦人尊貴，好樂巫覡歌舞，其後化之，遂成風俗。」（P281）

60.《陳風・東門之枌》「穀旦于差，南方之原。不績其麻，市也婆娑。」

瑞玉曰：「俗雖淫遊，市上非婆娑之地，蓋遊女繁會如市爾。」（P282）

61.《陳風・東門之池》，思賢妃也。《序》云：「疾君淫昏而思賢女以配。」

瑞玉曰：「美賢女也。有娶妻者美而賢，詩人美之。菅麻必漚漬而成，德業須切化而入，以言夫婦則宜。若淫奔，倉卒聚會，恐未易言此爾。」（P282）

62.《陳風・東門之楊》「東門之楊，其葉牂牂。昏以爲期，明星煌煌。」

瑞玉曰：「東門外垂楊下，幽閒稀行，相約以奔。畏人，故昏以爲期，先來者候，不至，乃至大曙，大星煌煌然。」（P283）

《東門之楊》，刺奔女也。

瑞玉曰：「此人有尾生之信。」（P283）

63.《陳風・防有鵲巢》「防有鵲巢，邛有旨苕。誰侜予美，心焉忉忉。」

瑞玉曰：「鵲巢防上，不安之甚。」（P283）

64.《陳風・月出》「月出皎兮，佼人僚兮。舒窈糾兮，勞心悄兮。」

瑞玉曰：「月皎人僚，光景可念，纔舒愁結，旋又悄然，心勞甚矣。」（P284）

65.《陳風・澤陂》

瑞玉曰：「悼亡也。」（P285）

66.《檜風・羔裘》「羔裘如膏，日出有曜。豈不爾思？中心是悼。」

瑞玉曰：「裘澤人瘁，見之能無驚悼？」（P285）

67.《檜風・隰有萇楚》「隰有萇楚，猗儺其枝。夭之沃沃，樂子之無知。」

瑞玉曰：「喻人長大無禮義而淫邪，反不如少小時不知人道可樂也。」（P286）

68.《曹風・蜉蝣》「蜉蝣掘閱，麻衣如雪。心之憂矣，於我歸說。」

　　瑞玉曰：「掘，穴地而出也。閱，容也。穴小僅能容之。」余曰：「《管子》云：『掘閱得玉。』則閱與穴通也。」因問：「此蟲黃黑色，何言衣如雪？」瑞玉曰：「初出地時，故自白，如蟬始出土亦是白也。」余曰：「小人本掘穴窮巷，無賴人爾。今修飾邊幅作蜉蝣狀，我不敢說『從我歸家』，我則說於汝。」（P287）

69.《曹風・鳲鳩》「鳲鳩在桑，其子七兮。淑人君子，其儀一兮。其儀一兮，心如結兮。」

　　瑞玉曰：「鳲鳩，布穀，即戴勝也。每生七子或八子。」（P287）

　　「鳲鳩在桑，其子在榛。淑人君子，正是國人。正是國人，胡不萬年。」

　　余問：「若以次言，當先國人後四國。」瑞玉曰：「四國遠而難化，故先言。國人近而易及，故後言。」又曰：「『其儀不忒』，然後正四國，至四國正即國人可知，故正四國言儀，正國人即不言儀，蒙前文爾。」（P288）

70.《曹風・下泉》「冽彼下泉，浸彼苞蓍。愾我寤嘆，念彼京師。」

　　余問：「稂蕭蓍，何以況小國？」瑞玉曰：「三草皆康穀空虛之物，水浸尤易腐敗，故以為喻。」（P288）

71.《豳風・七月》「七月流火，九月授衣。一之日觱發，二之日栗烈。無衣無褐，何以卒歲？三之日于耜，四之日舉趾。同我婦子，饁彼南畝，田畯至喜。」

　　瑞玉曰：「古者一夫宅五畝，其半在田，其半在邑。春，民畢出，冬，民畢入。下《經》云『入此室處』，謂在邑之室，此云『同我婦子』，謂適在野之廬也。既卒歲矣，正月先往修耒耜，二月舉趾行，偕婦子而往以餉耕者於是田，大夫亦來至田。數月不見，見俱歡喜。」

　　郝氏案：「《漢書・食貨志》『春令民畢出在壄，冬則畢入於邑。』下即引《豳》詩以證之，此班氏獨得。為從來說詩者所不及。瑞玉此解正合《漢書》也。」（P289）

　　「女執懿筐，遵彼微行，爰求柔桑。春日遲遲，采蘩祁祁。女心傷悲，殆及公子同歸。」

余問：「微行，《傳》云：『牆下逕。』」瑞玉曰：「野中亦有小徑。」余問：「遵小徑以女步遲，取近耶？」曰：「女子避人爾。」又曰：「『蘩』，白蒿，所以生蠶。今人用蒲公英，亦蘩類。祁祁，眾也。蠶事急。」（P289）

「七月流火，八月萑葦。蠶月條桑，取彼斧斨。以伐遠揚，猗彼女桑。」

瑞玉曰：「條桑，即柔桑也。蠶初生食少，故用條桑，取葉存條也。三眠食盛，故伐遠揚枝落之也。女桑，荑桑也，即條桑之萌蘗。蠶三眠，凡生三駒。先生者成繭，皆及其母。後者作繭薄，不能食大葉，故飼以女桑。猗者，新葉猗猗然。凡三節事，古注都欲一之，誤爾。」（P289）

「四月秀葽，五月鳴蜩。八月其穫，十月隕蘀。一之日于貉，取彼狐狸，爲公子裘。二之日其同，載纘武功，言私其豵，獻豜于公。」

余問：「《豳風》記月，文不虛設，秀葽鳴蜩春庚秋蟋之類，亦復何與農桑事？」瑞玉曰：「月以記時，時以作事，諸言月者，有事則繫事，無事即繫時。農家早晚候之，何渠不言耶？」余曰：「貉賤，自爲裘，狐狸貴，爲公子裘，同謂竭作也。豕，一歲豵，三歲豜。大者公之，小者私之。」（P290）

余問：「其同何故必須二之日？」瑞玉曰：「一之日農功，雖畢宮功，方興於茅索綯，皆此月事。」余曰：「即如是，於貉何不並俟二之日？」答曰：「狐貉之獸，皆穴居，民稍閑暇，可便取之。至於田獵習兵，必須大眾竭作。」（P290）

「五月斯螽動股，六月莎雞振羽，七月在野，八月在宇，九月在戶，十月蟋蟀入我床下。穹窒熏鼠，塞向墐戶。嗟我婦子，曰爲改歲，入此室處。」

瑞玉曰：「此室爲邑居之宅，屋久無人，鼠穴戶墉，風雪侵凌，必須繕治乃可居之。前同婦子出在野，今嗟婦子往入邑也。」（P290）

「六月食鬱及薁，七月亨葵及菽，八月剝棗，十月穫稻，爲此春酒，以介眉壽。七月食瓜，八月斷壺，九月叔苴。采荼薪樗，食我農夫。」

瑞玉曰：「菜可烹，豆不可烹，蓋如今俗作豆粥爾，其法菜半之，豆半之，煮爲粥，古名半菽。《夏小正》謂豆閔也。」（P290）

瑞玉問：「瓠八月味苦，不堪食。斷爲壺任用爾，故瓠作壺。」余曰：「果蓏菜茹，宜助男功，皆取供食，不得此句偏謂任用。且甘瓠容有可八月食者，斷者就蔓斷取之。叔，拾也。苴，麻子也。」（P290）

瑞玉曰：「荼苦，得霜可食。樗，非為薪也。九月非樵薪之時，且下句遂言『食我農夫』，則二物皆供食也。樗，椿類，葉有香者，醃為菹，九月葉可食。薪者，枝落之，采其葉也。」（P290～291）

「亟其乘屋，其始播百穀。」

瑞玉曰：「野廬之居曰屋，亟乘之者，為來春播百穀，又將同婦子往居焉。」（P291）

「躋彼公堂，稱彼兕觥，萬壽無疆。」

余問：「朋，兩尊也。《傳》云『鄉飲酒』，《箋》云『饗群臣』。」

瑞玉曰：「祭社與田祖爾，春獻羔為祈也，冬殺羊為報也。」（P291）

余問：「『公堂』，《傳》云『學校』，朱子云『君堂』。」瑞玉曰：「田畯聽事處也。民既賽神於野，遂相率入邑，升田畯之堂，舉彼神餘羊酒饋獻之。答其勤勞，又祝君萬壽無疆，常有豐樂之慶也。」（P291）

72. 《豳風‧東山》「制彼裳衣，勿士行枚。蜎蜎者蠋，烝在桑野。敦彼獨宿，亦在車下。」

瑞玉曰：「制裳衣者，衣裳垢敝，新治歸裝。」（P293）

「我徂東山，慆慆不歸。我來自東，零雨其濛。鸛鳴于垤，婦嘆于室。灑掃穹窒，我征聿至。有敦瓜苦，烝在栗薪。自我不見，于今三年！」

瑞玉問：「古者師出不逾時，為怨思也。《春秋傳》云：『瓜時而往，及瓜而代。』夫周公愛民，調發何至三年？」余曰：「《金縢》云：『居東二年。』《詩》云：『三年。』舉成數爾。又考《竹書》成王二年秋，周公伐殷，三年殺武庚，四年春正月初朝於廟，計四年春朝廟，此時當勞歸士，周公當在三年秋。是則據作詩時稱三年，其實往返纔一年爾。」（P293）

73. 《豳風‧破斧》「既破我斧，又缺我斨。周公東征，四國是皇。哀我人斯，亦孔之將。」

余問：「《毛傳》四國謂管蔡商奄。朱子云四方之國，義較闊大。」瑞玉曰：「東征即指管蔡商奄，何須復言四國乎？《經》文不如此重沓。」（P294）

74. 《小雅‧皇皇者華》「我馬維駒，六轡如濡。載馳載驅，周爰咨諏。」

瑞玉問：「諏，謀度，詢《春秋傳》。《傳》會《經》意，覺未安。」（P297）

「我馬維駱，六轡沃若。載馳載驅，周爰咨度。」

瑞玉問：「諏謀之後，何次諮度？」余曰：「諏謀可否，雖資於人，商度從違，須決於己，故咨度次之，言咨而復度也。」（P297）

「我馬維駰，六轡既均。載馳載驅，周爰咨詢。」

瑞玉曰：「四節歷陳車馬盛多，戒使臣能光君命，不負寵任爾。」（P297）

75.《小雅・常棣》「死喪之威，兄弟孔懷。原隰裒矣，兄弟求矣。」

瑞玉曰：「死喪人所惡，而兄弟懷思之。戰陳之尸，裒聚原隰，惟兄弟往求之，收其骸骨。」（P298）

「脊令在原，兄弟急難。每有良朋，況也永歎。」

瑞玉曰：「脊令雝渠，俗名沙雞，長腳善走，飛則鳴，行則首尾動搖，鳴則天大雪，又名雪姑也。脊令，水鳥而在原，失其常處，自為首尾，以喻人有患難，惟兄弟急之。平時良朋對此景，況長歎息而已，言不急。」（P298）

「妻子好合，如鼓瑟琴。兄弟既翕，和樂且湛。」

瑞玉曰：「常情合妻子易，合兄弟難，厚於愛而薄於友也。」（P298）

76.《小雅・伐木》「伐木許許，釃酒有藇。既有肥羜，以速諸父。寧適不來？微我弗顧！於粲洒埽，陳饋八簋。既有肥牡，以速諸舅。寧適不來？微我有咎！」

瑞玉曰：「此語善道人情。」（P299）

《伐木》，燕朋友也。

瑞玉問：「每章首輒言伐木，何義？」余曰：「伐木須眾人助力，是有朋友之道。」（P299）

77.《小雅・天保》「天保定爾，亦孔之固。俾爾單厚，何福不除。俾爾多益，以莫不庶。」

余問：「單厚、多益若皆言福祿，則文義重沓。」瑞玉曰：「多益，子孫盛也。」（P299～300）

「天保定爾，俾爾戩穀。罄無不宜，受天百祿。降爾遐福，維日不足。」

瑞玉曰：「戩、翦同。穀，禾稼也。除舊穀，刈新穀，高下收穫，盡無不宜，此謂受天百祿也。天又降遐福，如日不足，言遺澤流於子孫遠。」（P300）

「天保定爾，以莫不興。如山如阜，如岡如陵。如川之方至，以莫不增。」

瑞玉曰：「川之方至，至於海也。」（P300）

「吉蠲爲饎，是用孝享。禴祠烝嘗，于公先王。君曰卜爾，萬壽無疆。」

瑞玉曰：「占，卜也。尸傳神辭嘏主人曰：『我以爾孝德卜之，知天俾爾萬壽無疆也。』」（P300）

「神之弔矣，詒爾多福。民之質矣，日用飲食。群黎百姓，徧爲爾德。」

瑞玉曰：「黎，髮黑也。凡民耆老顧禮義，少壯逞氣血。今群黎百姓盡蓋皆訓行爾。德即老者，善良可知。」（P300）

「如月之恒，如日之升。如南山之壽，不騫不崩。如松柏之茂，無不爾或承。」

瑞玉曰：「月言恒者，古人常儀占月，恒其德也。」（P300）

78. 《小雅·采薇》「采薇采薇，薇亦柔止。曰歸曰歸，心亦憂止。憂心烈烈，載飢載渴。我戍未定，靡使歸聘。」

瑞玉曰：「前章初啓行也，此章在塗，苦也。」（P301）

「采薇采薇，薇亦剛止。曰歸曰歸，歲亦陽止。王事靡盬，不遑啓處。憂心孔疚，我行不來。」

瑞玉曰：「此章至戍所也。」（P301）

「彼爾維何？維常之華。彼路斯何？君子之車。戎車既駕，四牡業業。豈敢定居？一月三捷。」

瑞玉曰：「此章敍戰功也。」（P301）

「駕彼四牡，四牡騤騤。君子所依，小人所腓。四牡翼翼，象弭魚服。豈不日戒？玁狁孔棘。」

瑞玉曰：「此章言戰勝而將不驕、卒不惰也。」（P301）

「昔我往矣，楊柳依依。今我來思，雨雪霏霏。行道遲遲，載渴載飢。我心傷悲，莫知我哀。」

瑞玉曰：「此章總敍始終，所以爲勞也。」（P301）

《采薇》

瑞玉曰：「勞師也。一章言其出也，二章言其行也，三章言其至也，四章言其捷也，五章言其勝而戒也，六章重序往來之苦，以勞之也。」（P301～302）

余問：「《序》云：『遣戍役作勞師。』何據？」答曰：「『昔我往矣』，豈有以今遣戍為昔者？『一月三捷』，亦記實事。」（P302）

余問：「前三章同以采薇記候，而作『止柔』、『止剛』、『止異』者。首章《箋》云：『先輩可以行也。』則二章為中輩，三章為後輩矣。」答曰：「出當同時，不合先後，以《經》考之，薇作方啟行，薇柔則在塗，薇剛已至戍所。知然者，薇始生當在二月。柔則脆軟，剛少堅韌，當在二月末三月中。以末章言楊柳依依，知薇剛之時已到戍所也。」（P302）

79. 《小雅・出車》「王命南仲，往城于方。出車彭彭，旂旐央央。天子命我，城彼朔方。赫赫南仲，玁狁于襄。」

瑞玉曰：「『赫赫南仲，玁狁于襄』，軍中震驚其功，喜悅之辭也。」（P302）

「喓喓草蟲，趯趯阜螽。未見君子，憂心忡忡。既見君子，我心則降。赫赫南仲，薄伐西戎。」

瑞玉曰：「『赫赫南仲，薄伐西戎』，家人矜語其能，傳聞之辭也。」（P302）

「春日遲遲，卉木萋萋。倉庚喈喈，采蘩祁祁。執訊獲醜，薄言還歸。赫赫南仲，玁狁于夷。」

瑞玉曰：「『赫赫南仲，玁狁于夷』，國人喜見凱旋，誇耀之辭也。」（P302）

80. 《小雅・杕杜》「有杕之杜，有睆其實。王事靡盬，繼嗣我日。日月陽止，女心傷止，征夫遑止。」

瑞玉曰：「少壯從軍，親老子弱，杕杜有實，傷單獨也。『繼嗣我日』，言日復一日，無休息。」

余問：「征役亦憂父母，何獨女心傷止？」瑞玉曰：「非是父母不傷，婦人甚爾。《東山》婦歎。《采薇》室家，皆識斯意。十月戍畢將歸，故言征夫此時得閑暇，意辭也。」（P303）

81. 《小雅・魚麗》，《序》云：「美萬物盛多，能備禮也。」

瑞玉曰：「若作燕饗詩，則全是侈陳口腹殽饌，且《經》自言『魚麗於罶』，明是生魚，何關燕饗？」余曰：「即是燕饗，一作燕爾，何須魚六品？」（P305）

82.《小雅・南有嘉魚》「翩翩者鵻，烝然來思。君子有酒，嘉賓式燕又思。」

瑞玉曰：「尋常燕賓，無既燕又燕者。」（P305）

83.《小雅・南山有臺》，《序》云：「樂得賢也。」

瑞玉曰：「《詩》全無燕饗意，《序》說是。」（P306）

84.《小雅・蓼蕭》「蓼彼蕭斯，零露湑兮。既見君子，我心寫兮。燕笑語兮，是以有譽處兮。」

瑞玉曰：「譽，聲名也。笑語之聲聞於外，人傳誦之爲美事。」（P307）

「蓼彼蕭斯，零露瀼瀼。既見君子，爲龍爲光。其德不爽，壽考不忘。」

瑞玉曰：「秉德不爽，自少壯至老壽，令人思之不忘。」余曰：「善始不必善終，終始一節，則少年結習至老不忘。」（P307）

85.《小雅・菁菁者莪》，《序》云：「樂育材也。天子大學國之俊選皆造，樂得師儒，成就人才，美而歌之。」

瑞玉曰：「詩亦無燕饗意，《序》說是。」（P308）

86.《小雅・六月》「比物四驪，閑之維則。維此六月，既成我服。我服既成，于三十里。王于出征，以佐天子。」

瑞玉曰：「載常服，舊服也。成我服，新制也。興師急，故以舊服出，有不備者，其新衣成，又追及載之。」（P309）

「玁狁匪茹，整居焦穫。侵鎬及方，至于涇陽。織文鳥章，白旆央央。元戎十乘，以先啓行。」

瑞玉曰：「織，讀如字。玁狁織文爲鳥隼之章，司常旂幟，皆畫此織者。戎俗也。白旆，繼旐甚鮮明，又有大戎車十乘先行開路，此章極陳玁狁之熾。」（P309）

「戎車既安，如輊如軒。四牡既佶，既佶且閑。薄伐玁狁，至于大原。文武吉甫，萬邦爲憲。」

瑞玉曰：「至于大原，《傳》云逐出之而已，非也。玁狁深入內地，不大懲創，彼寧知懼？但逐出境，示之弱也，後不復來乎？按：大原，一名大鹵，

當是彼國衛要，故俗有大鹵之名。吉甫欲大創之，故窮追至此，如《毛傳》所言，恐直書生之見爾。」

余問：「文武吉甫，武則有矣，文則未見？」瑞玉曰：「末章見之，孝友非文德而何？」（P309）

「吉甫燕喜，既多受祉。來歸自鎬，我行永久。飲御諸友，炰鱉膾鯉。侯誰在矣，張仲孝友。」

瑞玉曰：「燕喜，天子燕而喜之，慶賞遂行，故多受福祉。因自鎬京來歸私邑，語家人，我此行永久矣。於是諸友來賀，御進飲饌，話敘闊別。吉甫盛夏出師，歸時當在秋冬，古者大寒降，取名魚登川禽。《經》言『炰鱉膾鯉』，古人燕饗用物，必順時也。又曰諸友偏舉張仲，又獨稱孝友，美吉甫能全忠孝也，言不虛此燕會。束皙云武功外悠，文化內輯。」

郝氏注：首二語于燕下是吉甫私燕，舊注失之。又劉向云千里之鎬，猶以爲遠。舊注因謂鎬非鎬京，皆失《經》義。瑞玉此說足正古今之誤。（P310）

《六月》，《序》云：「宣王北伐也。」毛謂宣王自征，遣吉甫追逐，鄭謂獨遣吉甫，王不親行。

瑞玉曰：「鄭氏是也，《經》言佐天子可見。」（P310）

87. 《小雅‧采 》「薄言采 ，于彼新田。于此菑畝。方叔涖止，其車三千，師干之試。方叔率止，乘其四騏，四騏翼翼。路車有奭，簟茀魚服，鉤膺鞗革。」

瑞玉曰：「此方叔之老謀，虛張軍聲以威荊蠻，故章末云『蠻荊來威』爾。干，盾也。試，習也。方叔盛陳車，徒簡閱之眾，干皆肄習之五兵，獨言干者，省文爾。率，謂率眾以行也。四騏，齊色也。翼翼，壯健貌，亦齊力也。奭，赤貌。竹簟爲茀，鉤膺，樊纓也。」（P310）

《序》云宣王南征也。

瑞玉曰：「一章啓行，二章在道，三章征戍，四章凱還。」（P311）

88. 《小雅‧車攻》「田車既好，田牡孔阜。東有甫草，駕言行狩。」

余問：「會同後方田獵，《經》何先言行狩？」瑞玉曰：「將如此爾。《疏》云：『皆致意之辭，未實行也。』」（P312）

「決拾既佽，弓矢既調。射夫既同，助我舉柴。」

瑞玉曰：「制，如今假袖而有繫也。佽，次比也。調，謂弓強弱與矢輕重調也。射夫，諸侯與其人也。柴，所以燎舉以火田也。此章會同之後，田獵之前，天子戒諸侯之辭，言備乃器械，同乃射夫，庶助我舉柴以火田。」（P312）

「四黃既駕，兩驂不猗。不失其馳，舍矢如破。」

瑞玉曰：「獨言兩驂者，兩服在中，有衡維之，自不能倚也。馳，御車法也。如破，巧中也，言射御各不相爲，美其良也。」（P312）

89.《小雅·吉日》「吉日維戊，既伯既禱。田車既好，四牡孔阜。升彼大阜，從其群醜。」

瑞玉曰：「大陸曰阜，升高阜處從逐禽獸之群，虞人翼以待射也。」

郝氏注：「古注皆以此章正田獵事，瑞玉曰：『天子不合歷，險從禽，明其非也。』」（P312）

「既張我弓，既挾我矢。發彼小豝，殪此大兕。以御賓客，且以酌醴。」

瑞玉曰：「此章正田獵事。」（P312）

90.《小雅·鴻雁》「鴻雁于飛，肅肅其羽。之子于征，劬勞于野。爰及矜人，哀此鰥寡。」

瑞玉曰：「雁飛必群，流人亦群行，畏剽掠故爾。之子，流民也。征，行也。矜，憐也。流民滿野，皆可矜之人，其中鰥寡尤可哀。」（P313）

「鴻雁于飛，哀鳴嗸嗸。維此哲人，謂我劬勞。維彼愚人，謂我宣驕。」

余問：「流民安宅當可喜，何又哀鳴？哲人、愚人復誰指？」瑞玉曰：「痛定思當痛，對異鄉人訴窮苦。哲人聽之當憐我，若彼愚者將謂我『今得樂土，示驕而已』，情更苦。」（P313）

91.《小雅·沔水》「沔彼流水，其流湯湯。鴥彼飛隼，載飛載揚。念彼不蹟，載起載行。心之憂矣，不可弭忘。」

瑞玉曰：「如漢末十常侍之等。」（P314）

「鴥彼飛隼，率彼中陵。民之訛言，寧莫之懲。我友敬矣，讒言其興。」

瑞玉曰：「訛言無端而起，讒言緣閒而興，治訛之法，懲之而已，止讒之方，惟敬而無失則無閒也。」

余曰：「漢末黨禍讒言繁興，亦坐諸君子，自不敬爾。」瑞玉曰：「民亦斥言在位者，不敢端言，假之民爾。」

余問：「我友敬，何不及兄弟？」瑞玉曰：「兄弟尤親，不待言。」（P314）

《沔水》，朱子云憂亂也。

瑞玉曰：「大夫憂讒之辭，或云張仲作。」（P314～315）

92.《小雅・鶴鳴》「鶴鳴于九皋，聲聞于天。魚在于渚，或潛在淵。樂彼之園，爰有樹檀，其下維穀。它山之石，可以攻玉。」

瑞玉曰：「攻，治也。治璞可得玉，明求賢當於幽隱。」（P315）

93.《小雅・白駒》「皎皎白駒，在彼空谷。生芻一束，其人如玉。毋金玉爾音，而有遐心。」

瑞玉問：「生芻如玉，文不相次。」余曰：「生芻薄物而幽潔，非如玉之人不稱。徐孺子美郭有道以此也。」（P316）

94.《小雅・黃鳥》，《序》云：「刺宣王也，王之季年，民復離散，適異國不得所，思歸故鄉爾。」瑞玉曰：「觀『復我邦族』，疑大夫去異邦而不得志之作。」（P316）

95.《小雅・斯干》「秩秩斯干，幽幽南山。如竹苞矣，如松茂矣。兄及弟矣，式相好矣，無相猶矣。」

瑞玉曰：「考室首言兄弟，世俗分門別戶，皆爲失友於所致爾。」（P317）

「乃生女子，載寢之地。載衣之裼，載弄之瓦。無非無儀，唯酒食是議，無父母詒罹。」

瑞玉曰：「兄弟聚居，男女蕃衍，室家之吉祥，故以始終焉。」（P318）

96.《小雅・無羊》「爾牧來思，以薪以蒸，以雌以雄。爾羊來思，矜矜兢兢，不騫不崩。麾之以肱，畢來既升。」

瑞玉曰：「矜矜，強健貌。兢兢，畏謹貌。騫，虧也。羊性輕躁善跳，牧人擊以石杖，致虧損也。崩，群驚也，豺狼害之，則群驚擾如崩。今人以犬

守牢外也，言羊馴擾從人，但以臂麾之則畢，來盡升入牢，獨稱羊者，羊難馴於牛。先言爾牧來思，後言羊來者，牧人居其前率之。」（P319）

97. 《小雅・節南山》「節彼南山，維石巖巖。赫赫師尹，民具爾瞻。憂心如惔，不敢戲談。國既卒斬，何用不監。」

瑞玉曰：「具瞻，謂道路以目也。尹氏厲威，使人不敢言，翼其視滅國之禍以知戒。」（P319）

98. 《小雅・正月》「魚在于沼，亦匪克樂。潛雖伏矣，亦孔之炤。憂心慘慘，念國之爲虐。」

瑞玉曰：「賢雖身隱，名聲彰徹。君子遭亂世逃名不可得。」（P323）

99. 《小雅・十月之交》「十月之交，朔月辛卯。日有食之，亦孔之醜。彼月而微，此日而微。今此下民，亦孔之哀。」

余問：「日月迭微，何預下民而哀之？」瑞玉曰：「民尙甚哀，王曾不念也？日食修德，月食修刑。」（P323）

「日月告凶，不用其行。四國無政，不用其良。彼月而食，則維其常。此日而食，于何不臧。」

瑞玉問：「國無政不用善，即此是不臧之故，何須又問『于何不臧』？」余曰：「此四句述王語也。前此月食，王曰：『常事爾。』今此日食，王恐言者議之，故反詰曰：『于何不臧乎？』言不足怪。」（P323）

「燁燁震電，不寧不令。百川沸騰，山冢崒崩。高岸爲谷，深谷爲陵。哀今之人，胡憯莫懲！」

瑞玉曰：「『哀今之人』，人，王也。言日月以下諸災異，皆恬然，曾不爲懲戒，通結上二章。」（P324）

「皇父卿士，番維司徒。家伯維宰，仲允膳夫。棸子內史，蹶維趣馬。楀維師氏，豔妻煽方處。」

瑞玉曰：「謂之豔者，不豔不煽，不煽不亂。」（P324）

「抑此皇父，豈曰不時。胡爲我作，不即我謀。徹我牆屋，田卒汙萊。曰予不戕，禮則然矣。」

瑞玉曰：「『作』謂役作言，非時興築，不謀眾也。我有牆屋，為妨築作，毀之。我有田疇，為往築作，荒之。皆皇父所致，猶曰：『我不戕害汝，下供上役，禮則然爾。』」（P324）

「皇父孔聖，作都于向。擇三有事，亶侯多藏。不憖遺一老，俾守我王。擇有車馬，以居徂向。」

余問：「皇父直貪利爾，何愛老成人不憖遺之？」瑞玉曰：「欲收人望爾，亦恐留在朝，發其姦邪。」（P324）

「黽勉從事，不敢告勞。無罪無辜，讒口囂囂。下民之孽，匪降自天。噂沓背憎，職競由人。」

瑞玉曰：「小人貪利則爭，爭則讒，乖氣致異，遂召災變。」（P324）

「悠悠我里，亦孔之痗。四方有羨，我獨居憂。民莫不逸，我獨不敢休。天命不徹，我不敢傚我友自逸。」

瑞玉曰：「悠悠然，遠徙我新里，徵求無藝，亦甚病矣。皆有羨餘，我獨居貧而憂民，莫不逸樂，我獨不敢休息，言之於財，又困於力，此即先時有車馬之富民爾。然天命實不均，我不敢傚我友自逸，知命而安也。不敢傚逸，即不敢傚，有羨可知。」（P325）

100.《小雅・雨無正》「周宗既滅，靡所止戾。正大夫離居，莫知我勤。三事大夫，莫肯夙夜。邦君諸侯，莫肯朝夕。庶曰式臧，覆出為惡。」

瑞玉曰：「庶，眾也。諸侯大夫眾口齊言，皆曰我用善，及出而行，反為惡也。」（P325）

「戎成不退，饑成不遂。曾我暬御，憯憯日瘁。凡百君子，莫肯用訊。聽言則答，譖言則退。」

瑞玉曰：「遂，安也，民不安生。暬御，近侍也，言西周之兵，成而不退，東周之饑，成而不安，獨我小臣，憂苦病瘁。凡百君子，莫肯以是告君，有可聽用之言，則答之而已。遇有譖己之言，則奉身而退。此上三章責從遷者不事事。」（P325～326）

「哀哉不能言，匪舌是出，維躬是瘁。哿矣能言，巧言如流，俾躬處休。」

瑞玉曰：「懷忠者不言，能言者不忠，此下三章責離居者不從遷。」（P326）

「維曰于仕，孔棘且殆。云不何使，得罪于天子；亦云可使，怨及朋友。」

瑞玉曰：「此述離居者書問之辭也。」（P326）

「謂爾遷于王都，曰予未有室家。鼠思泣血，無言不疾。昔爾出居，誰從作爾室？」

瑞玉曰：「此答離居者書問之辭也。」（P326）

101.《小雅・小宛》「宛彼鳴鳩，翰飛戾天。我心憂傷，念昔先人。明發不寐，有懷二人。」

瑞玉曰：「小鳥欲登天，以興小子躐成人，故憂傷，恐墜先祖緒業。更有懷於父母也，言此起下文教之之端。」（P328）

「人之齊聖，飲酒溫克。彼昏不知，壹醉日富。各敬爾儀，天命不又。」

瑞玉曰：「首戒酒者，少年敗德多坐此。」（P328）

「中原有菽，庶民采之。螟蛉有子，蜾蠃負之。教誨爾子，式穀似之。」

瑞玉曰：「『教誨爾子』，子即螟蛉也。『式穀似之』，似蜾蠃也。蒲廬負桑蟲，煦嫗養之，七日而化，祝曰：『似我似我。』人用善道教子，欲其肖似也。」（P328）

「題彼脊令，載飛載鳴。我日斯邁，而月斯征。夙興夜寐，毋忝爾所生。」

瑞玉曰：「誨子言脊令則飛則鳴。翼也口也，不有止息，我常日月勉進，欲無忝先人爾，亦當夙夜勤勞，無忝於我也。『爾所生』謂爾身所從出。東方朔云：『日夜孳孳，敏行而不怠，譬如脊令飛且鳴矣。』」（P328～329）

「交交桑扈，率場啄粟。哀我填寡，宜岸宜獄。握粟出卜，自何能穀？」

瑞玉曰：「誨子言家雖貧寡，當念君子，懷刑握持其粟以出卜，將操何道而能善？」（P329）

「溫溫恭人，如集于木。惴惴小心，如臨于谷。戰戰兢兢，如履薄冰。」

瑞玉曰：「教以能谷之道也，接人欲恭心欲小，處事欲戰兢，恐失足。」
（P329）

《小宛》

瑞玉曰：「教子也。子者親之枝，兄弟相戒，各誨爾子不忝所生，則不辱親矣。又曰無忝爾所生，不得為兄弟之辭，施於子則可。」（P329）

102.《小雅·小弁》「君子信讒，如或醻之。君子不惠，不舒究之。伐木掎矣，析薪杝矣。舍彼有罪，予之佗矣。」

瑞玉曰：「惠，慧也。掎，倚其顛也。杝，隨其理。佗，加也。君子信讒，如遇醻爵，受即行之。由於心不明慧，不能舒緩。究察之，伐木析薪尚不妄挫折之，今乃捨有罪而加我，舒究之當自悔。」（P330）

《小弁》，怨慕也。

瑞玉曰：「《序》云太子之傅作，愚意即太子作爾。或謂子不可作詩刺父，此迂說也。孟子云：『《小弁》，親之過大者也而不怨，是愈疏。』審若其傅作者高子，即不當譏其怨，孟子即不謂是其親。」（P330）

103.《小雅·巧言》，刺讒也。

瑞玉曰：「詩取《巧言》名篇，惡利口之覆邦也。」（P332）

104.《小雅·何人斯》「二人從行，誰為此禍？胡逝我梁，不入唁我？始者不如今，云不我可。」

瑞玉曰：「云，言也，我不可與言。」（P332）

「彼何人斯？胡逝我陳？我聞其聲，不見其身。不愧于人，不畏于天。」

瑞玉曰：「蘇公自言我心無愧畏，不難見人，反刺之。」（P332）

「爾還而入，我心易也。還而不入，否難知也。壹者之來，俾我祇也。」

瑞玉曰：「否，不也，不近人情，故難知。何不一來見我，使我心安。君子待小人怨彼以情來則怨解心平，安於無事。」（P333）

105.《小雅·巷伯》，《序》云：「刺幽王也。」

瑞玉曰：「《詩》無『巷伯』之字，標以名篇，著國家之禍自近者始也。」
（P334）

106.《小雅・谷風》「習習谷風，維風及雨。將恐將懼，維予與女。將
安將樂，女轉棄予。」

瑞玉曰：「谷風，山風也。言連續暴風又加淩雨，喻患難多也。且恐且懼
之時，則二人偕，且安且樂之時，則轉相棄。」（P334）

「習習谷風，維山崔嵬。無草不死，無木不萎。忘我大德，思我小
怨。」

瑞玉曰：「君子務其大而忽於小，故有小怨，若小人止避小怨，而不務大
德。」（P335）

107.《小雅・蓼莪》「南山烈烈，飄風發發。民莫不穀，我獨何害？」

瑞玉曰：「山高而尊喻父母，風行而遠喻子也。」（P335）

《蓼莪》，思親也。《序》云：「民人勞苦，孝子不得終養。」

瑞玉曰：「《經》不見民勞苦意，賦重民貧，無以養爾。」（P336）

108.《小雅・大東》「東人之子，職勞不來。西人之子，粲粲衣服。舟
人之子，熊羆是裘。私人之子，百僚是試。」

瑞玉問：「熊羆非裘材，將富人竸為奇服與？」余曰：「制其貢，各以所
有，居山乃有猛獸，今向舟人索熊羆為裘，徵所無也。上文既東西對言，此
舟人亦謂東人，私人即謂西人，言東人貧者，徵求不免，西人賤者，美官任
為爾。」（P336）

109.《小雅・四月》「四月維夏，六月徂暑。先祖匪人，胡寧忍予？」

瑞玉曰：「先祖匪人，是神也。神何安然不祐我？」（P337）

「匪鶉匪鳶，翰飛戾天。匪鱣匪鮪，潛逃于淵。」

瑞玉曰：「言不能為大臣近天子，又不能為隱逸處山林。」（P338）

110.《小雅・北山》「陟彼北山，言采其杞。偕偕士子，朝夕從事。王
事靡盬，憂我父母。」

　　瑞玉曰：「同役，非一人，故曰：『偕偕』。士者，大夫之屬。子，有父母者之稱，詩人自謂也。言登山采杞偕偕然，朝夕從事。王事分當爲，靡有辛苦，但久在外，飴我父母憂。」（P338～399）

　　《北山》，刺不均也。

　　余問：「《序》云：『大夫刺幽王也。』臣任勞，輒怨不均，非大臣之體。」瑞玉曰：「小臣爾。《經》言『偕偕士子』，士者，大夫屬臣，故怨大夫不均。子者，有父母之稱，故言憂我父母。大臣雖勞不怨，怨則不忠，小臣役不均，怨自其宜。《經》云體群臣則士報禮重。」（P339）

111.《小雅・小明》「嗟爾君子，無恒安處。靖共爾位，正直是與。神之
　　　聽之，式穀以女。」

　　余問：「『靖共』何義？」瑞玉曰：「猶書言責清爾。人心清淨，自然恭敬也。正直爲正，正曲爲直。言我既不歸，故贈友以言『嗟爾君子，無以安處』，爲常當安靖恪共爾位。惟正直之人是與神明祐之，將用福祿與汝矣，云神聽者，明王不能聽也。」（P340）

112.《小雅・楚茨》，天子祭宗廟也。

　　瑞玉曰：「若謂公卿之祭，則是畿內，諸侯於禮不世爵祿，何得子子孫孫引無極也？」（P343）

113.《小雅・信南山》「上天同雲，雨雪雰雰。益之以霢霂，既優既渥，
　　　既霑既足，生我百穀。」

　　瑞玉曰：「霢，潤土脈。霂，纔洗塵。優渥，雪厚漬也。霑足，雨澤周也。雨黏腳即饒足也，言豐年之冬必有積雪，其春必有小雨，故雪言盛，雨言小也。雪既優渥，雨既霑足，則生我百穀。」（P343～344）

　　「中田有廬，疆場有瓜。是剝是菹，獻之皇祖。曾孫壽考，受天之祜。」

　　瑞玉問：「方言皇祖而云天祜，豈孝格天與？」余曰：「本自祭天地，故受天之祜。」（P344）

　　「祭以清酒，從以騂牡，享于祖考。執其鸞刀，以啓其毛，取其血膋。」

瑞玉曰：「玄酒也，《周禮》清酒，酒之下者。《詩》言清酒，皆明水爾。」
瑞玉曰：「此章郊祭上帝也。玄酒騂牡，不言所祭，明祭天神，享于祖考，乃是以祖配之。主人親執鸞刀，血腥燔燎，非郊而何？此謂受天之祜也。」（P344）

「是烝是享，苾苾芬芬。祀事孔明，先祖是皇。報以介福。萬壽無疆。」

瑞玉曰：「此謂獻之皇祖也。」（P344）

114.《小雅・甫田》「倬彼甫田，歲取十千。我取其陳，食我農人。自古有年，今適南畝。或耘或耔，黍稷薿薿。攸介攸止，烝我髦士。」

瑞玉曰：「獨進髦士，以其秀民則可教也。」（P345）

「曾孫來止，以其婦子。饁彼南畝，田畯至喜。攘其左右，嘗其旨否。禾易長畝，終善且有。曾孫不怒，農夫克敏。」

瑞玉曰：「此曾孫謂家長也。農夫，其子弟也。家長率婦子來饁耘者，田畯適至，喜樂其勤，曾孫推其左右鄰耦之人嘗其所饋，旨否欲觀婦人能作家不也。又見禾治竟畝成功，善而用力多男，婦效職。曾孫於是不怒農夫，因以益敏。」（P345）

余問：「家長稱曾孫，何據？」答曰：「據田祖爾，凡主祭通得稱之，下章及大田，曾孫皆然。」（P345）

115.《小雅・大田》「大田多稼，既種既戒，既備乃事。以我覃耜，俶載南畝，播厥百穀。既庭且碩，曾孫是若。」

瑞玉曰：「曾孫順事所致也。」（P346）

《大田》，樂有年也。

瑞玉問：「籥章祭蠟是龡，豳頌不合用雅。」余曰：「此詩雖爲蠟祭，不以賽神，當是祭後歌之，何害非頌？又《豳風・七月》一篇之中兼有風、雅、頌，康成言之矣。」（P347）

116.《小雅・瞻彼洛矣》「瞻彼洛矣，維水泱泱。君子至止，福祿如茨。韎韐有奭，以作六師。」

余問：「甫言『君子至止』，遂云『福祿如茨』？」瑞玉曰：「天子所至，必有恩慶，鄭康成云『爵命爲福，賞賜爲祿』，『如茨』言多也。」（P347）

「瞻彼洛矣，維水泱泱。君子至止，福祿既同。君子萬年，保其家
邦。」

瑞玉曰：「『如茨』，方言其多，既同則人皆被之。保其家室，謂子孫爲帝
王保其家邦，則諸侯懷畏之。」（P347）

《瞻彼洛矣》，曾朝講武也。

瑞玉曰：「疑美宣王之詩。」（P347）

117.《小雅・裳裳者華》「裳裳者華，其葉湑兮。我覯之子，我心寫兮。
　　我心寫兮，是以有譽處兮。」

瑞玉曰：「華，飾樹，猶裳飾衣也，故曰『裳裳』。華葉相承，喻君臣相
得也。之子，諸侯也。言我見是子，悅其才德，則心傾寫。心傾寫，是以有
豫樂而安處。」（P348）

118.《小雅・桑扈》「交交桑扈，有鶯其羽。君子樂胥，受天之祜。」

瑞玉曰：「鶯，羽文。桑扈，有鶯之羽也。君子，諸侯也。言交交然，桑
扈羽有文章可愛。君子燕樂有禮儀相與，則能受天之福。」（P348）

「交交桑扈，有鶯其領。君子樂胥，萬邦之屏。」

瑞玉曰：「桑扈，有鶯之領也。」（P348）

「兕觥其觩，旨酒思柔。彼交匪敖，萬福來求。」

瑞玉曰：「兕觥觩然，剛；旨酒溫然，柔。人能思柔，則勝剛矣。」（P349）

119.《小雅・頍弁》「有頍者弁，實維伊何？爾酒既旨，爾殽既嘉。豈
　　伊異人？兄弟匪他。蔦與女蘿，施于松柏。未見君子，憂心弈弈。
　　既見君子，庶幾說懌。」

瑞玉曰：「古文『規』作『頍』，圓貌。有頍然弁而至者，伊何爲乎？
將以燕也，因言王酒旨殽嘉，禮甚腆矣。但此與燕者皆兄弟，非他人，無
須此盛禮。又言蔦蘿附木，似宗族依王，是以未見王則心憂，即見王則說
懌。」（P349）

「有頍者弁，實維何期？爾酒既旨，爾殽既時。豈伊異人？兄弟具
來。蔦與女蘿，施于松上。未見君子，憂心怲怲，既見君子，庶幾
有臧。」

瑞玉曰：「言王酒旨殽時，此與燕者豈異人？兄弟長幼具來，家人會食無須此盛禮。又言草附木，似臣依君，是以未見王則心憂，既見王則恩誼善。」（P350）

「有頍者弁，實維在首。爾酒既旨，爾殽既阜。豈伊異人？兄弟甥舅。如彼雨雪，先集維霰。死喪無日，無幾相見。樂酒今夕，君子維宴。」

瑞玉曰：「王酒旨殽美多，禮盛矣。此與燕者豈異人？兄弟之外，惟有甥舅，亦皆至戚，無須此盛禮。時兄弟甥舅皆已耆壽，感王意氣勤厚，因言霰集，則大雪將降，老至即來日無多，相見無復幾日。今夕須飲酒歡樂，答王宴賜之勤。」（P350）

《頍弁》

瑞玉曰：「美燕也。王燕樂兄弟親戚，感其禮意，答其勤焉。《經》言爾酒爾殽，明非主人之辭，『君子維宴』，知王設燕禮爾。」（P350）

120.《小雅・車舝》「陟彼高岡，析其柞薪。析其柞薪，其葉湑兮。鮮我覯爾，我心寫兮。」

瑞玉曰：「述王美后之辭。言登高析薪而葉湑，以興王后貴族令德儀容之美盛，以為少而難得，是以覯爾，則心寫。」（P351）

121.《小雅・青蠅》「營營青蠅，止于樊。讒人罔極，構我二人。」

瑞玉曰：「幽王遠失諸侯，近棄妻子，信讒言之效也。」（P351）

《青蠅》，《序》云：「大夫刺幽王也。」

瑞玉曰：「讒人如虢石父之等。」（P352）

122.《小雅・賓之初筵》「賓之初筵，左右秩秩。籩豆有楚，殽核維旅。酒既和旨，飲酒孔偕。鐘鼓既設，舉醻逸逸。」

余問：「鐘鼓設而復舉醻，何也？」瑞玉曰：「侍者遷鐘鼓堂下，賓在堂上，自相醻爾。」（P352）

「賓載手仇，室人入又。酌彼康爵，以奏爾時。」

瑞玉曰：「室人，主婦也。康，安也。時，時物也。主賓既獻尸，主婦入室中，人復酌為康爵，以進豆籩時物也。」（P352）

「曰既醉止，威儀幡幡。舍其坐遷，屢舞僊僊。」

瑞玉曰：「舍坐，足無容。屢舞，手無容。醉人遷易坐位，酒酣起舞也。」（P352）

「賓既醉止，載號載呶。亂我籩豆，屢舞僛僛。」

瑞玉曰：「又言『賓既醉止』，凡醉者起於賓也。不言『其未醉止』，未醉者不復見也。『亂我籩豆』，疾其不出之辭。我，武公自我也。」（P353）

「凡此飲酒，或醉或否。既立之監，或佐之史。彼醉不臧，不醉反恥。式勿從謂，無俾大怠。匪言勿言，匪由勿語。由醉之言，俾出童羖。三爵不識，矧敢多又。」

瑞玉曰：「此章疾其多言，命司正糾舉之。」（P353）

《賓之初筵》，衛武公悔酒也。

瑞玉曰：「書有《酒誥》，詩有《賓筵》一爾。《韓詩》云武公悔過，《經》皆斥賓而言，非自悔之辭也。」（P353）

123. 《小雅·采菽》「赤芾在股，邪幅在下。彼交匪紓，天子所予。樂只君子，天子命之。樂只君子，福祿申之。」

余問：「美其衣服，何止稱芾偪？」瑞玉曰：「皆下體之服。拜跪時先見者，衣服天子所予，不必美之。」（P354）

《采菽》，美諸侯也。

瑞玉曰：「《經》言天子，是大夫美諸侯之辭，非天子自美也。」（P355）

124. 《小雅·角弓》「爾之遠矣，民胥然矣。爾之教矣，民胥傚矣。」

瑞玉曰：「承上言爾遠爾親，則民皆從之，爾不遠而以身教，則民亦傚之，善惡各以其類應。」（P355）

「此令兄弟，綽綽有裕。不令兄弟，交相為瘉。」

瑞玉曰：「不言婚姻，以兄弟尤親，可以包之。」又案：「《爾雅》婚姻亦稱兄弟也。」（P355）

「民之無良，相怨一方。受爵不讓，至于己斯亡。」

瑞玉曰：「此言爾遠則民胥然也。」（P355）

「毋教猱升木，如塗塗附。君子有徽猷，小人與屬。」

瑞玉曰：「此言爾教則民胥效也。」（P355）

125.《小雅‧菀柳》「有菀者柳，不尚愒焉。上帝甚蹈，無自瘵焉。俾
　　予靖之，後予邁焉。」

　　瑞玉曰：「邁，往也，使我安靖王室。今雖有功喜我，後日則成往事耳。」

126.《小雅‧都人士》「彼都人士，臺笠緇撮。彼君子女，綢直如髮。
　　我不見兮，我心不說。」

　　瑞玉問：『『都人士』，『君子女』，對文似有義。都，閒雅也。君子女謂女
有君子之行也。」余曰：「『都人士』恐非，『君子女』則是。」（P357）

127.《小雅‧采綠》「終朝采綠，不盈一匊。予髮曲局，薄言歸沐。」

　　瑞玉曰：「髮久不沐矣，因采綠而知之。」（P357）

　　「終朝采藍，不盈一襜。五日為期，六日不詹。」

　　瑞玉曰：「襜，今膝皮也。《爾雅》衣蔽前為襜，是也。」（P357）

　　「之子于狩，言韔其弓。之子于釣，言綸之繩。」

　　瑞玉曰：「婦人思君子，因憶昔在家時，其往狩，我曾為之張弓。其往釣，
我曾為之綸繩。今何可得？」（P357）

　　「其釣維何？維魴及鱮。維魴及鱮，薄言觀者。」

　　瑞玉曰：「又憶昔從君子釣，維魴及鱮。得魚多，我曾見來觀者甚眾。美
其君子有技藝也。」余問：「婦人從釣，何義？」答曰：「觀其才藝，如賈大
夫妻見獲雉而喜。不言狩者，略辭，狩亦不容婦人觀也。」（P357～358）

128.《小雅‧白華》「鼓鐘于宮，聲聞于外。念子懆懆，視我邁邁。」

　　瑞玉曰：「上下並言『之子』，此獨變文言『子』，斥宜臼也。懆懆，愁不
安。邁邁，行不顧。言鼓鐘于宮，聲猶外聞，今母子隔絕，念子懆懆，反視
我邁邁然，謂宜臼奔申。」（P359）

129.《小雅‧漸漸之石》「漸漸之石，維其高矣，山川悠遠，維其勞矣。
　　武人東征，不皇朝矣。」

　　瑞玉曰：「朝行已早，不遑朝，言武人行尤早，不暇至朝，始發也。」（P361）

　　「有豕白蹢，烝涉波矣，月離於畢，俾滂沱矣。武人東征，不皇他
　　矣。」

瑞玉曰：「豕，性耐水，其渡河皆沒入水底，衝波而過。遇淺水，鼓波而過。故云涉波也。離，歷也。畢，陰星也。豕足白而眾，涉波久浸色變，言水多也。月又歷畢，大雨應之，使水滂沱。役人遇之，尤疲憊不暇，更憂他事？」（P361）

130.《小雅・苕之華》「苕之華，其葉青青。知我如此，不如無生。」
瑞玉曰：「華落葉存，榮不久也。生而憔悴，不如死之安也。」（P362）

131.《小雅・何草不黃》「何草不黃？何日不行？何人不將？經營四方。」
瑞玉曰：「役者之妻念夫，言歲晚矣，何草不黃乎？終歲在外，何日不行乎？老弱皆傅，何人不將乎？欲以經營四方爾，言無定處。」（P362）
「何草不玄？何人不矜？哀我征夫，獨爲匪民。」
瑞玉曰：「言由多至春，何草不玄乎？役久不歸，何人不矜乎？哀我征夫，無室家之道，獨爲匪民乎？」（P362）
「匪兕匪虎，率彼曠野。哀我征夫，朝夕不暇。」
瑞玉曰：「承上匪民而言我征夫非兕虎野獸，何以循彼曠野。久在行間，朝夕不得暇。」（P362）
「有芃者狐，率彼幽草。有棧之車，行彼周道。」
瑞玉曰：「狐循幽草，固所棲也。車行周道，何可長也？」余曰：「狐，邪媚獸，幽草，隱僻處。役者之妻自懼，避嫌之不審也。」（P362）
《何草不黃》，閔行役也。
瑞玉曰：「民苦征役，君子閔其怨曠，爲其室家之辭。」（P362）

132.《大雅・文王》「亹亹文王，令聞不已。陳錫哉周，侯文王孫子。
　　文王孫子，本支百世，凡周之士，不顯亦世。」
瑞玉曰：「維文王子孫，言文王慶流後裔起念祖也，因言文王孫子。嫡爲天子，庶爲諸侯，量皆百世，又能賜福臣下，使凡周之士，雖不顯者，亦得保世無窮。」（P363）
「世之不顯，厥猶翼翼。思皇多士，生此王國。王國克生，維周之楨。濟濟多士，文王以寧。」
余問：「多士生奚，止文王寧？」瑞玉曰：「後世寧亦文王寧爾，詢於八虞，諮於二虢，文王固是寧。」（P363）

133.《大雅・大明》「明明在下，赫赫在上。天難忱斯，不易維王。天位殷適，使不挾四方。」

瑞玉曰：「君德明明在下，由天威赫赫在上，不可慢易，言此以起下是也。以天難倚信，王位不易可保。紂居天位，爲殷正嫡，以其昏德，乃使不有四方，天何可信？」余曰：「適之也，天位既之，殷矣。一旦乃奪之，是天難忱也。」（P364）

「摯仲氏任，自彼殷商。來嫁于周，曰嬪于京。」

余問曰：「『嬪于京』，誰曰之？」瑞玉曰：「嬪是婦人美號，曰者人稱之，來嫁于周，人見其有婦德，美之曰嬪，號之爲京室之婦。」（P364）

「維此文王，小心翼翼。昭事上帝，聿懷多福。厥德不回，以受方國。」

瑞玉曰：「受也者必有授也，孰授之？天授之，三分天下有其二，文王無心焉，順受之而已。」

「有命自天，命此文王。于周于京，纘女維莘。」

瑞玉曰：「前言『有命既集』，命文王也，此言『有命自天』，生武王也。」（P365）

133.《大雅・緜》「古公亶父，來朝走馬。率西水滸，至于岐下。爰及姜女，聿來胥宇。」

瑞玉曰：「據《經》文當是古公先相之，復與大姜觀可否，故至岐之後，方言『爰及聿來』也。」（P366）

「乃召司空，乃召司徒，俾立室家。其繩則直，縮版以載，作廟翼翼。」

余問：「營宮室先宗廟，《經》胡不然？」瑞玉曰：「禮家所言，非遷國時也，又營者，營度之未便作之。下文立冢土亦在立門後。」（P367）

「捄之陾陾，度之薨薨，築之登登，削屢馮馮。百堵皆興，鼛鼓弗勝。」

瑞玉曰：「不言丹艧黝堊者，爲子孫久遠計，牆屋皆取渾堅，不尚華飾。」（P367）

134.《大雅・棫樸》「追琢其章，金玉其相。勉勉我王，綱紀四方。」

　　瑞玉曰：「金玉不雕琢不成器，追琢所以美其文，金玉所以成其賢，君子作人，彬彬如也。勉勉我王，戒以作人無倦。綱紀四方，大綱之，小紀之，四方之事無不舉，言賢人多也。」（P368）

135.《大雅・旱麓》，受釐也。

　　瑞玉曰：「篇首言旱麓，所祭或即旱山，又言柞棫民燎，或即柴望之禮。」（P369）

136.《大雅・思齊》「惠于宗公，神罔時怨，神罔時恫。刑于寡妻，至于兄弟，以御于家邦。」

　　瑞玉曰：「先言嗣徽音，著大姒之賢，又言刑寡妻，美文王之德。」（P370）

　　《思齊》，《序》云文王所以聖也。

　　瑞玉曰：「聖莫大於承內教，德莫加於育英才，故以終始焉。」（P370）

137.《大雅・皇矣》「維此二國，其政不獲。維彼四國，爰究爰度。上帝耆之，憎其式廓。」

　　瑞玉曰：「先儒謂二國斥桀紂，恐非，謂斥殷紂崇侯亦不倫。耆字未詳。」（P370）

　　「帝遷明德，串夷載路。天立厥配，受命既固。」

　　瑞玉曰：「串，貫也，如貫而去也。」又曰：「配謂大姜也，立厥賢妃佐之，受命所以固。」（P371）

　　「比于文王，其德靡悔。既受帝祉，施于孫子。」

　　瑞玉曰：「孫子，武王也，主王季而言。」又曰：「王此大邦，追稱王也。」（P371）

　　「依其在京，侵自阮疆。陟我高岡，無矢我陵。我陵我阿，無飲我泉，我泉我池。度其鮮原，居岐之陽，在渭之將。萬邦之方，下民之王。」

　　瑞玉曰：「密人為二師，一師侵阮，一師徂共。前云『以按徂旅』，蓋遏其徂共者也。云『王赫斯怒』，文王自禦之也。此云『依其在京，侵自阮疆』，乃遏其侵阮者也。不言王別遣將禦之也，是文王伐密，亦為二師，故《經》

分兩章言之。言『依其在京』，兵行依山爲固也。『侵自阮疆』，侵其侵阮者也。『陟我高岡』，以觀師也。密人之矢，無敢及我陵阿，其馬無敢飲我泉池，皆言我者有之之辭，密人驚遁而去也，於是相度善原。其地在岐陽渭側，爲萬邦之所嚮，作下民之君王，此言作程也。」（P372）

「帝謂文王：詢爾仇方，同爾弟兄。以爾鉤援，與爾臨衝，以伐崇墉。」

瑞玉曰：「仇方不合，從《箋》作『讎國』。文王伐崇誅暴，非復讎也，《史記》所載亦失實。」（P372）

「臨衝閑閑，崇墉言言。執訊連連，攸馘安安。是類是禡，是致是附，四方以無侮。臨衝茀茀，崇墉仡仡。是伐是肆，是絕是忽。四方以無拂。」

瑞玉曰：「言言仡仡而國滅，城堅人瑕也。」（P372）

138.《大雅・下武》「下武維周，世有哲王。三后在天，王配于京。」
瑞玉曰：「居殷下世而有武功者維周。」（P373）

「成王之孚，下土之式。永言孝思，孝思維則。」
瑞玉曰：「天子庶人，孝之事不同，思則一爾。」（P374）

139.《大雅・文王有聲》「豐水有芑，武王豈不仕？詒厥孫謀，以燕翼子。武王烝哉！」
瑞玉曰：「翼，輔也。言豐水之旁有芑焉。土田肥美，武王豈不欲事於此？乃遷者，欲遺子孫萬世之謀，以安定輔翼之爾。」（P375）

140.《大雅・生民》「誕彌厥月，先生如達。不坼不副，無菑無害。以赫厥靈，上帝不寧。」
瑞玉曰：「副，貳也。」（P375〜376）

「誕實匍匐，克岐克嶷，以就口食。蓺之荏菽，荏菽旆旆。禾役穟穟，麻麥幪幪，瓜瓞唪唪。」
瑞玉曰：「就口食，以物就口取食也。」余曰：「荏菽，大豆。旆旆，揚起貌。《說文》云：『役，禾末也。』」瑞玉曰：「穟穟，猶穗穗是也。幪幪，密貌。唪唪，實多而肥也。言后稷匍匐之年已自岐嶷能行步，取口食，異於

常人，遂藝五穀，皆美好耕農，自其天性也。又『麻麥幪幪』二句，麻煙麥浪狀。幪幪，瓜熟，以指彈之聲，唪唪。」（P376～367）

「取羝以軷，載燔載烈，以興嗣歲。」

瑞玉問：「天子祭百神，何獨稱軷？」余曰：「軷，五祀之一，祭以冬時，在冬至郊後，正月郊前，故《序》列在此。又五祀群神，舉一可以包之。」（P377）

「后稷肇祀，庶無罪悔，以迄于今。」

瑞玉問：「先儒皆以肇祀為后稷始祀？」余曰：「正月歲之始，於此而郊，故稱肇祀。此郊主祈穀，配以后稷，故特詳焉。」（P377）

141. 《大雅・行葦》「敦彼行葦，牛羊勿踐履。方苞方體，維葉泥泥。
　　戚戚兄弟，莫遠具爾。或肆之筵，或授之几。」

瑞玉曰：「爾，爾行葦也。」（P377）

142. 《大雅・既醉》「既醉以酒，既飽以德。君子萬年，介爾景福。」

瑞玉曰：「飽德者，鬼神饗德，充滿如飽然，尸嘏主人言醉酒，飽德如此，願汝壽考，天又助以大福。」（P379）

「既醉以酒，爾殽既將。君子萬年，介爾昭明。」

瑞玉曰：「壽者恐其老而昏，故願『介爾昭明』，猶云『天牖其衷』也。」（P379）

「昭明有融，高朗令終。令終有俶，公尸嘉告。」

瑞玉曰：「德明而融，如日光和暖，自然高朗而善終。終則有始，遞嬗無窮，故我公尸得以善言告之，如下文所云。」（P379）

「其告維何？籩豆靜嘉。朋友攸攝，攝以威儀。」

瑞玉曰：「籩豆言靜，所謂君婦莫莫，為下女士起也。」（P379）

「威儀孔時，君子有孝子。孝子不匱，永錫爾類。」

瑞玉曰：「類，肖也。子孫賢，克肖其父祖。」（P379）

「其類維何？室家之壺。君子萬年，永錫祚胤。」

瑞玉曰：「錫汝有福祚之嗣也。」（P379）

「其胤維何？天被爾祿。君子萬年，景命有僕。」

瑞玉曰：「僕，言隨其後也。」（P379）

「其僕維何？釐爾女士。釐爾女士，從以孫子。」

瑞玉曰：「既有賢妃，當復生賢子孫，如隨而至，所謂僕也。」（P379）

143.《大雅・鳧鷖》「鳧鷖在亹，公尸來止熏熏。旨酒欣欣，燔炙芬芬。公尸燕飲，無有後艱。」

瑞玉曰：「（亹）《說文》作醺，云醉也。言水鳥在水旁峽中，意亦樂之，以喻公尸來止，醉然後歸，飲旨酒而樂，食燔炙而香，以此人和神喜永降之福，自今而後無有艱難。《傳》云『無有後艱』，言不敢多祈也。」（P380）

144.《大雅・假樂》「假樂君子，顯顯令德。宜民宜人，受祿于天。保右命之，自天申之。」

瑞玉問：「民人何以宜？」余曰：「更無他功美，止是其人應承當者，予之而已，是宜也。」（P380）

145.《大雅・公劉》「篤公劉，匪居匪康。迺場迺疆，迺積迺倉。迺裹餱糧，于橐于囊。思輯用光，弓矢斯張。干戈戚揚，爰方啟行。」

瑞玉曰：「公劉將欲遷，不敢寧居，乃先往豳地，治田疇，實倉廩。既有備乃率民而往，於是裹餱于橐，裹糧于囊，思以和輯民人，令合謀協慮以光大國家。既眾行糧，又飭武備防寇鈔，於是始啟行而遷焉。」又曰：「疆場積倉，即指豳言，下文度原徹田皆是也。以理而言，不先經理豳國，卒然來數萬人，於何仰賴？」（P381）

「篤公劉，于胥斯原。既庶既繁，既順乃宣，而無永歎。」

瑞玉曰：「『既庶既繁』，似言生物茂盛，見土田美爾。」（P382）

「京師之野，于時處處，于時廬旅，于時言言，于時語語。」

瑞玉曰：「『處處』，言居者多。『廬旅』，言居者不能容，廬處之。言言語語，廬舍繁密，人聲喧闐也。」（P382）

「篤公劉，于豳斯館。涉渭爲亂，取厲取鍛。止基迺理，爰眾爰有。夾其皇澗，溯其過澗。止旅迺密，芮鞫之即。」

瑞玉曰：「此章制財用也。國新立，農事備飭，當來百工以富民。」（P383）

146.《大雅・泂酌》「泂酌彼行潦，挹彼注茲，可以餴饎。豈弟君子，民之父母。」

瑞玉曰：「『挹彼注茲』，學為世子法也。」（P383）

《泂酌》，《序》云召康公戒成王也。

瑞玉曰：「教世子法也。成王幼，周公抗世子法於伯禽，召公戒以潢污行潦，可薦神明，欲王酌而用之爾。」（P383）

147.《大雅・卷阿》「伴奐爾游矣，優游爾休矣。豈弟君子，俾爾彌爾性，似先公酋矣。」

瑞玉曰：「伴，陪也。奐，美也。爾，爾王也。優游，閒適也。酋，久也。言群臣伴王遊者，威儀閒美，優游休息，然非徒游而已。樂意君子，能使爾充滿德性，則似先君享壽悠久。」（P383～384）

「爾受命長矣，茀祿爾康矣。豈弟君子，俾爾彌爾性，純嘏爾常矣。」

瑞玉曰：「茀，草多也，福祿如之。言受命長茀祿康，是即純嘏也。然福基於德，樂易君子能使爾充滿德性，乃常享大福矣，結上三章。」（P384）

「有馮有翼，有孝有德，以引以翼。豈弟君子，四方為則。」

瑞玉曰：「四有戒王，旁求賢也，猶云『子無謂秦無人』。」（P384）

「鳳凰于飛，翽翽其羽，亦集爰止。藹藹王多吉士，維君子使，媚于天子。」

瑞玉曰：「鳳凰喻聖君也，有聖君則賢臣附翼而至，故云『王多吉士』。」（P384）

「鳳凰鳴矣，于彼高岡。梧桐生矣，于彼朝陽。菶菶萋萋，雝雝喈喈。」

瑞玉曰：「鳳鳴高岡，喻聖王立朝廷。桐生朝陽，喻多士生王國。」（P385）

「君子之車，既庶且多。君子之馬，既閑且馳。矢詩不多，維以遂歌。」

瑞玉曰：「王游卷阿，群臣從之，車馬繁盛，賢人既多矣。又欲王不自足也，但言不盡意，陳詩猶以為少，維欲王遂為樂歌，日聽之，自省焉。」（P385）

148.《大雅・民勞》「民亦勞止，汔可小休。惠此中國，以為民逑。無縱詭隨，以謹惽恢。式遏寇虐，無俾民憂。無棄爾勞，以為王休。」

瑞玉曰：「始於詭隨，終於寇虐，惡由小至大，故此二句，篇內皆不易。」（P385）

《民勞》,《序》云召穆公刺厲王也。

余問:「厲王暴虐,不僅徭役,發首止言民勞何?」瑞玉曰:「民終歲勤勞,上之賦斂重徭役煩民,愈不得安息,《經》故兼二事也。」(P386)

149.《大雅·板》「上帝板板,下民卒癉。出話不然,爲猶不遠。靡聖管管,不實于亶。猶之未遠,是用大諫。」

瑞玉曰:「下二語較上更進,靡聖自恣愈矯誣不實,爲謀鄙近又以起大諫也。」(P386)

「天之牖民,如壎如篪,如璋如圭,如取如攜。攜無曰益,牖民孔易。民之多辟,無自立辟。」

瑞玉曰:「益,多也。攜物者無得曰多而難,牖牖民如此甚易爾。」(P387)

「价人維藩,大師維垣,大邦維屏,大宗維翰,懷德維寧,宗子維城。無俾城壞,無獨斯畏。」

瑞玉曰:「大邦彊國,居內外之間,足以捍蔽而爲屏。大宗,以族得民,民爲垣,則此爲榦矣。抱德之人,君所倚以爲寧。宗子,王之子弟,守衛王室猶城然。人君失德,宗子離心,則城壞而藩垣屏翰寧皆徹,君獨居矣,斯可畏矣,無然也。」(P387)

150.《大雅·蕩》「文王曰咨,咨女殷商。天不湎爾以酒,不義從式。既愆爾止,靡明靡晦。式號式呼,俾晝作夜。」

余問:「晝夜明晦如何別?」瑞玉曰:「醉目昏瞀,當晝反以爲夜,白日酣眠,亦晝爲夜也。」(P389)

「文王曰咨,咨女殷商。如蜩如螗,如沸如羹。小大近喪,人尚乎由行。內奰于中國,覃及鬼方。」

瑞玉曰:「蜩螗,似醉者之聲。沸羹,似醉者之狀。奰,醉而作氣之貌,一怒遂伐鬼方。」(P389)

「文王曰咨,咨女殷商。匪上帝不時,殷不用舊。雖無老成人,尚有典刑。曾是莫聽,大命以傾。」

瑞玉曰:「言小人猖狂如此,非上帝爲此不善之時,殷不用舊人故爾。今世雖無老成人,尚有可爲人典刑者,曾是無聽用之,而任新進小人,是以大命傾覆而不可救。」(P390)

「文王曰咨，咨女殷商。人亦有言：顛沛之揭，枝葉未有害，本實
先撥。殷鑒不遠，在夏后之世。」

瑞玉曰：「撥，治也，言大木雖揭然將僕，其枝葉未有傷害。先用土實其
本根壅治之，則得不蹶，以喻國將傾，其四方尚未盡離散，急以德固其邦本，
則得不亡也。故曰殷之明鏡不遠，在夏桀之世，殷不監夏，故復如桀。周不
監殷，當復如紂也，其後厲王流於彘。」（P390）

151.《大雅・抑》「無競維人，四方其訓之。有覺德行，四國順之。訏
　　謨定命，遠猶辰告。敬慎威儀，維民之則。」

瑞玉曰：「競，爭也，於人謙抑無爭，則可訓行四方。」（P390）

「其在于今，興迷亂于政。顛覆厥德，荒湛于酒。女雖湛樂從，弗
念厥紹。罔敷求先王，克共明刑。」

瑞玉曰：「戒子孫無得如時俗所尚，將不能訓法後人。」（P391）

「肆皇天弗尚，如彼泉流，無淪胥以亡。夙興夜寐，洒埽庭內，維
民之章。修爾車馬，弓矢戎兵，用戒戎作，用逷蠻方。」

瑞玉曰：「教以嗣位，飭內安外，饌之訏猶之遠也。」（P391）

「無易由言，無曰苟矣，莫捫朕舌，言不可逝矣。無言不讎，無德
不報。惠于朋友，庶民小子。子孫繩繩，萬民靡不承。」

瑞玉曰：「朋友難馴，小子無知，故特言之，萬民盡矣。」（P391）

「投我以桃，報之以李。彼童而角，實虹小子。」

瑞玉曰：「投桃報李，兒童嬉戲事，戒小子無比頑童，而遠於成人之道。」
（P391）

「荏染柔木，言緡之絲。溫溫恭人，維德之基。其維哲人，告之話
言，順德之行。其維愚人，覆謂我僭。民各有心。」

瑞玉曰：「柔木，梧桐也。緡，綸也。以絲爲綸，被之柔木，爲琴瑟也。
言柔善之木可以受絲，以興溫恭之人可以基德。然此言也，告哲人則知德而
順行之，告愚人反謂我不信欺之，人各有心，不能相強。」（P392）

「於乎小子，未知臧否。匪手攜之，言示之事。匪面命之，言提其
耳。借曰未知，亦既抱子。民之靡盈，誰夙知而莫成？」

瑞玉曰：「提攜以手辟咡而詔，所教蓋幼子童孫。」

《抑》

瑞玉曰:「衛武公戒子孫也。」（P392）

152.《大雅・桑柔》「維此惠君，民人所瞻。秉心宣猶，考慎其相。」

瑞玉曰:「『考慎其相』以上，美共和之功；『俾民卒狂』以下，窮貪人之狀。」（P394）

「朋友已譖，不胥以穀。人亦有言，進退維谷。」

瑞玉曰:「谷前有山，後有澗，行則無路，此言小人同而不和。」（P394）

「維彼愚人，覆狂以喜。匪言不能，胡斯畏忌？」

瑞玉曰:「此言小人愚而自用。」（P394）

「大風有隧，有空大谷。維此良人，作爲式穀。維彼不順，征以中垢。」

瑞玉曰:「深谷藏風空然，大谷中是風行之隧，人亦有隧也。良人作爲用善道，此是仁風，不順之人如疾風揚塵，行於垢穢中爾，此言人各有黨。」（P394）

「大風有隧，貪人敗類。聽言則對，誦言如醉。匪用其良，覆俾我悖。」

瑞玉曰:「又言『大風有隧』者，大風所過能壞物，喻貪人所至敗善黨也。聽譖言則喜對，誦正言而如醉，凡是良人皆不用之，悖亂如此，反欲使我亦然。」（P395）

153.《大雅・雲漢》「旱既大甚，蘊隆蟲蟲。不殄禋祀，自郊徂宮。上下奠瘞，靡神不宗。后稷不克，上帝不臨。耗斁下土，寧丁我躬。」

瑞玉曰:「旱則百蟲作，以其蟲多，故言蟲蟲爾。郊祀天地宮，祭宗廟。」又曰:「禋，煙也，言燔燎之，煙氣從郊外往宮廟，不絕也。奠，以禮神於上，瘞，以禮神於下。斁，敗也。又言百神靡不尊事之，乃后稷不能勝災，上帝又不臨視，與其降災耗敗下土，寧使我躬自當之。」（P396）

「旱既大甚，則不可推。兢兢業業，如霆如雷。」

瑞玉曰:「如霆如雷，吁嗟，求雨之聲。」（P396）

「旱魃爲虐，如惔如焚。我心憚暑，憂心如熏。群公先正，則不我聞。昊天上帝，寧俾我遯？」

瑞玉曰：「魃乃旱氣所生，非必真有此物。因旱不止，疑其為虐爾。惔，燎也。熏，灼也。言群公先正非惟不助，而亦不聞，又呼昊天上帝降災不釋，豈將令我避位而去乎？」（P396）

154.《大雅・崧高》「亹亹申伯，王纘之事。于邑于謝，南國是式。王命召伯，定申伯之宅。登是南邦，世執其功。」

瑞玉問：「既邑謝矣，於後乃稱申侯何？」余曰：「諸侯有功，加地進律，謝是益封，其申國故在。疑後經侵削還即舊都爾。」（P397）

155.《大雅・烝民》「既明且哲，以保其身。夙夜匪解，以事一人。」

瑞玉曰：「『夙夜匪解，以事一人』，言山甫不宜徂齊也。」（P399）

「人亦有言，柔則茹之，剛則吐之。維仲山甫，柔亦不茹，剛亦不吐。不侮矜寡，不畏彊禦。」

瑞玉曰：「山甫之柔也，而不侮不畏，君子以為難。」（P399）

「人亦有言，德輶如毛，民鮮克舉之。我儀圖之，維仲山甫舉之，愛莫助之。袞職有闕，維仲山甫補之。」

瑞玉曰：「王欲立魯，戲又料民大原，山甫皆諫言，善補袞之。」（P400）

「四牡騤騤，八鸞喈喈。仲山甫徂齊，式遄其歸。吉甫作誦，穆如清風，仲山甫永懷，以慰其心。」

瑞玉曰：「穆如清風，似山甫之德也。」（P400）

156.《大雅・韓奕》「玄袞赤舃，鉤膺鏤錫，鞹鞃淺幭，鞗革金厄。」

瑞玉曰：「鉤膺，馬胸上飾。鏤錫，馬眉上飾。」又曰：「鞃，式中也。幭，覆式也。鞹鞃，以革持式，使牢固。又皮去毛，柔奚當式中，令手可馮也。淺幭以虎皮覆式，並覆軫。皮不去毛，取其服猛且文炳也。」（P400～401）

「韓侯出祖，出宿于屠。顯父餞之，清酒百壺。其殽維何？炰鼈鮮魚。其蔌維何？維筍及蒲。其贈維何？乘馬路車。籩豆有且，侯氏燕胥。」

余問：「餞時誇其酒肴足矣，又言車馬何為？」瑞玉曰：「舊說顯父以王命贈焉，竊疑車馬重貺，未必追而贈之，『其贈維何』，問辭也。『乘馬路車』，答辭也。其贈當在韓侯臨行時，此因餞，追述之。又言前在京時，籩豆盛多，王與韓侯相燕樂，亦追述之辭，榮君貺也。」（P401）

157.《大雅·江漢》「王命召虎，來旬來宣。文武受命，召公維翰。無曰予小子，召公是似。肇敏戎公，用錫爾祉。」

瑞玉曰：「予小子謂召虎也，對其祖言，故稱小子。公，先公也。」（P403）

「釐爾圭瓚，秬鬯一卣。告于文人，錫山土田。于周受命，自召祖命。虎拜稽首，天子萬年！」

瑞玉曰：「召，公也，受賜歸告其祖。」（P403）

「虎拜稽首，對揚王休。作召公考，天子萬壽！明明天子，令聞不已。矢其文德，洽此四國。」

瑞玉曰：「又言『虎拜稽首』者，欲答王策命，宣揚天子之美，作召公廟器，勒成先祖之功，而祝天子之壽。又進戒言『明明天子』，淮夷既平，有令聞矣。所願進而不已，無怠於終，武功懋矣，所願覃敷文德，治於四國，則有似文武然。」（P403）

158.《大雅·常武》「赫赫業業，有嚴天子。王舒保作，匪紹匪遊。」

瑞玉曰：「作，動也。」（P404）

「王奮厥武，如震如怒。進厥虎臣，闞如虓虎。」

瑞玉曰：「徐已震驚猶不服，故王奮厥威武，將與戰。『如震如怒』，如字未詳。」（P404）

「如江如漢，如山之苞，如川之流，綿綿翼翼。不測不克，濯征徐國。」

瑞玉曰：「濯，洗也，可以蕩而洗之。」（P404）

「王猶允塞，徐方既來。徐方既同，天子之功。」

瑞玉曰：「來者，徐人自來。同者，淮夷並來。」（P405）

《常武》，美宣王平徐也。

瑞玉曰：「戰而捷亦云武矣，然不可常也，故篇名《常武》。（P405）

159.《大雅·瞻卬》「蟊賊蟊疾，靡有夷屆。罪罟不收，靡有夷瘳！」

瑞玉曰：「蟊食苗根，人不見之。女寵陰蠹君心害國，本亦似蟊然。」（P405）

「哲夫成城，哲婦傾城。懿厥哲婦，爲梟爲鴟。」

　　瑞玉曰：「得一志士可以興邦，任一才女足以覆國，淫昏之君視為美色哲婦，有識之人憎為惡物鴟梟。惟其懿之，故多言亂聽，為禍之梯，亂非天降，由婦人爾。」（P405）

　　「鞫人忮忒，譖始竟背。豈曰不極，伊胡為慝？如賈三倍，君子是識。婦無公事，休其蠶織。」

　　瑞玉曰：「在位之人，貪利如賈而欲贏，故三倍之利，君子皆識之。婦人無公事，惟當安其蠶桑織紝而已，褒姒胡不然？」（P406）

　　「天何以刺？何神不富？舍爾介狄，維予胥忌。」

　　瑞玉曰：「刺，譏也。幽王淫恣，天宜敬，而何以譏詆之？神富汝而反怨其不然。介狄，繪西戎也。介，大也，時方強盛。」（P406）

　　「藐藐昊天，無不克鞏。無忝皇祖，式救爾後。」

　　瑞玉曰：「『救爾後』者，保其子孫，時宜曰弇中。」（P406）

　　《瞻卬》，刺幽王也。

　　瑞玉曰：「幽王九年，王室始騷，《經》言『孔填不寧』，『邦靡有定』，蓋在九年以後。」（P406）

160.《大雅・召旻》「天降罪罟，蟊賊內訌。昏椓靡共，潰潰回遹，實靖夷我邦。」

　　瑞玉曰：「蟊如褒姒，賊如虢石父，讒臣嬖妾爭亂於內。『昏』謂頑童，『椓』謂刑人，侏儒戚施，莫供其職，此皆惑亂邪辟之人，王實用之，使治平我邦。」（P407）

　　「兢兢業業，孔填不寧，我位孔貶。」

　　瑞玉曰：「貶，卑小也，言君子位不稱德，非必貶黜爾。」（P407）

　　「如彼歲旱，草不潰茂，如彼棲苴。我相此邦，無不潰止。」

　　瑞玉曰：「潰茂之潰，亦亂，言草生蕃廡。潰止，言潰亂而後止。」（P407）

　　「池之竭矣，不云自頻。泉之竭矣，不云自中。溥斯害矣，職兄斯弘，不烖我躬。」

　　瑞玉曰：「幽王任虢石父，王澤竭於國，彼不肯云，當從外益也。嬖寵褒姒，王澤竭於宮，彼不肯云，當從中益也。言內外相蒙，不盡忠告於王，故其害斯廣矣，乃復專主滋益，此亂使之更大，不慮災及我躬乎？」（P407）

「昔先王受命，有如召公，日辟國百里，今也日蹙國百里。於乎哀哉！維今之人，不尚有舊！」

瑞玉曰：「若以先王為文武，則不得云尚有舊也。」（P407）

《召旻》，刺幽王也。

瑞玉曰：「史載幽王無飢饉流亡事，《經》有之，蓋亦在九年王室始騷之後。《序》云凡伯作。」（P408）

161.《周頌・維天之命》「維天之命，於穆不已。於乎不顯，文王之德之純。假以溢我，我其收之。駿惠我文王，曾孫篤之。」

瑞玉曰：「文王篤周祜，曾孫篤文王。」（P409）

162.《周頌・烈文》「烈文辟公，錫茲祉福。惠我無疆，子孫保之。無封靡于爾邦，維王其崇之。念茲戎功，繼序其皇之。無競維人，四方其訓之。不顯維德，百辟其刑之。於乎前王不忘。」

瑞玉曰：「競，爭也。」又曰：「『烈文辟公』，似謂先王先公，宗廟之中，卑統於尊，故稱公，其尸亦稱公尸也。（P409）

163.《周頌・天作》，《序》云祀先王先公也，或云祀岐山也。

瑞玉曰：「謂祀大王則下衍文王，云祀先王即不見王季，此可疑。」（P410）

164.《周頌・我將》「我將我享，維羊維牛，維天其右之！儀式刑文王之典，日靖四方。伊嘏文王，既右饗之。我其夙夜，畏天之威，于時保之。」

余問：「畏威稱天，何不及文王？」瑞玉曰：「文王，親也。」（P411）

165.《周頌・時邁》「時邁其邦，昊天其子之，實右序有周。薄言震之，莫不震疊。懷柔百神，及河喬嶽，允王維后。明昭有周，式序在位。載戢干戈，載櫜弓矢。我求懿德，肆于時夏，允王保之！」

瑞玉曰：「言以時巡行邦國，是乃昊天之子也。君天下曰天子。」（P411）

余問：「懿德何言求？」瑞玉曰：「天子巡守，陳詩納賈，就見百年，皆欲旁求文德，布之方國爾。」（P411）

166. 《周頌・執競》「不顯成康，上帝是皇。自彼成康，奄有四方，斤斤其明，鐘鼓喤喤。」

　　瑞玉曰：「君德莫要於明。斤斤，明察而小，與文武異也。」（P412）

167. 《周頌・思文》「思文后稷，克配彼天。立我烝民，莫匪爾極。貽我來牟，帝命率育。無此疆爾界，陳常于時夏。」

　　瑞玉曰：「帝謂堯也，言我思有文德之后稷，能配彼天，其德成，立我眾民，民德之中，莫非爾中也。稷降播種，尤重於麥，『貽我來牟』，實由帝堯命為農師，令徧育民人，其德廣遠，無彼此疆界之限，以陳布常道於中國。」（P412）

　　《思文》，《序》云后稷配天也。

　　瑞玉曰：「人勞思善，逸則思淫。后稷之業，率天下而勞之，所以善之也。人謂后稷降播種，不知后稷教人倫也。」（P412）

168. 《周頌・臣工》「嗟嗟臣工，敬爾在公。王釐爾成，來咨來茹。嗟嗟保介，維莫之春，亦又何求？如何新畬？於皇來牟，將受厥明。明昭上帝，迄用康年。命我眾人：庤乃錢鎛，奄觀銍艾。」

　　瑞玉曰：「保介，安大農事者也。」

　　余問：「錢宜耕，鎛宜耘，與銍艾不次？」瑞玉曰：「麥後便就其田種麻菽，故須具耕耨之器，農家麥收最重，故麥熟即為康年。詩人不及諸穀，獨詠來牟，其是與？」（P412）

169. 《周頌・噫嘻》「駿發爾私，終三十里。亦服爾耕，十千維耦。」

　　瑞玉問：「發爾私，服爾耕，文何以別？亦者亦誰？」余曰：「君固先私，民應急公。三十里之地，不獨趨治公田，亦皆服耕於爾私田，無曠土閒民。」（P413）

170. 《周頌・有瞽》「有瞽有瞽，在周之庭。設業設虡，崇牙樹羽。應田縣鼓，鞉磬柷圉。既備乃奏，簫管備舉。喤喤厥聲，肅雝和鳴，先祖是聽。我客戾止，永觀厥成。」

　　瑞玉問：「合樂何以無舞？」余曰：「崇牙疑干上飾，即干舞也。樹羽，翟羽，即羽舞也。舞之節與鼓應，故曰『應田縣鼓』。《經》文似有此意，但先儒不言，無文以明之。」（P414）

171.《周頌・潛》，薦魚也。

瑞玉曰：「《經》言『潛有多魚』，魚冬乃潛，《序》云春獻鮪，誤矣。」（P414～415）

172.《周頌・雝》「有來雝雝，至止肅肅。相維辟公，天子穆穆。於薦廣牡，相予肆祀。假哉皇考！綏予孝子。宣哲維人，文武維后。燕及皇天，克昌厥後。綏我眉壽，介以繁祉。既右烈考，亦右文母。」

瑞玉曰：「言有雝雝然，來肅肅然至者，乃助祭辟公也，天子於是穆穆其容，薦其大牲，辟公助陳祭祀之饌，得天下懽心事先王。大哉皇考，其安我孝子也。」又曰：「言肅雝辟公，實皆通達之人，由文王、武王為君，譽髦之澤所留也。文武受命，既安皇天，又能昌大後人，安我秀眉之壽，助以繁多之福，此皆武王之賜，實文王大姒之澤，故今皆尊而事之。」（P415）

《雝》，《序》云禘大祖也。

瑞玉曰：「吉，禘也。成王四年春，吉禘於武王，祭而受釐，歌以徹焉。」（P415）

173.《周頌・載見》「載見辟王，曰求厥章。龍旂陽陽，和鈴央央。鞗革有鶬，休有烈光。率見昭考，以孝以享。以介眉壽，永言保之，思皇多祜。烈文辟公，綏以多福，俾緝熙于純嘏。」

瑞玉曰：「鞗革，金環，聲如鶬。」

瑞玉曰：「純，束也，謂獲福之固。」（P415）

174.《周頌・有客》「薄言追之，左右綏之。既有淫威，降福孔夷。」

瑞玉曰：「淫，邪也，言昔武庚淫虐，天既降威罰，今微子賢，天亦降大福。」（P416）

175.《周頌・武》「嗣武受之，勝殷遏劉，耆定爾功。」

瑞玉問：「遏劉，古注未安。」（P416）

176.《周頌・閔予小子》「閔予小子，遭家不造，嬛嬛在疚。於乎皇考，永世克孝。念茲皇祖，陟降庭止。維予小子，夙夜敬止。於乎皇王，繼序思不忘。」

瑞玉曰：「言武王思念文王，不敢安息，常徘徊步庭中。予小子夙夜過其前，未嘗不見敬，因歎皇王之孝如此，故今我思繼序之。」（P416）

177.《周頌‧訪落》「紹庭上下，陟降厥家。休矣皇考，以保明其身。」
　　瑞玉曰：「『紹庭』，步履相繼於庭。」（P417）

178.《周頌‧敬之》
　　瑞玉曰：「嗣王自戒也。既述天監之不遠，敬之之不敢忘，又懼學未至而求助於群臣。」（P417）

179.《周頌‧小毖》，《序》云：「嗣王求助也。」
　　瑞玉曰：「小者猶毖，況大者乎？《經》皆言毖小之事，故以名篇。」（P418）

180.《周頌‧載芟》「載芟載柞，其耕澤澤。千耦其耘，徂隰徂畛。」
　　瑞玉曰：「農及雪澤也。」（P418）
　　「實函斯活，驛驛其達。有厭其傑，厭厭其苗。」
　　瑞玉曰：「驛驛，疾貌，謂怒茁也。達，出土也。」（P418）
　　《載芟》，春祈田祖也。
　　瑞玉問：「何知不如《序》言春祈社稷？」余曰：「『匪且有且』，且者，祖也。田祖始爲田，有功於人，廣陳田事以祈之。《載芟》祈於春，故治田之事詳，《良耜》報於秋，故納稼之事備。《載芟》、《良耜》一體之詩，春祈田祖，亦祈社稷。秋報社稷，亦報田祖。」（P418）

181.《周頌‧良耜》「其崇如墉，其比如櫛。以開百室，百室盈止。」
　　瑞玉曰：「『如墉』，積高也。『如櫛』，積密也。」（P419）

182.《魯頌‧駉》「駉駉牡馬，在坰之野。薄言駉者，有驈有皇，有驪有黃，以車彭彭。思無疆，思馬斯臧。」
　　瑞玉曰：「《爾雅》無『雒』，先儒疑『駁』字之訛。《爾雅》：『駵，白駁也。』彭彭，善走也，此言田馬。田獵尚疾，故貴善走。無疆，思不厭也。臧，奮起也。《易》云：『震爲作足。』」（P420）
　　「駉駉牡馬，在坰之野。薄言駉者，有騅有駓，有騂有騏，以車伾伾。思無邪，思馬斯徂。」

瑞玉曰：「《爾雅》無『驔』，《說文》云：『骭，骰也。』魚馬之不善者也。故《序》最在後。祛祛，彊健也，此言駕馬主給官役，故貴彊健。無邪，思之正也，思不旁出則正。徂，行也，可駕以走行。」（P420）

《駉》

瑞玉曰：「知牧馬則知牧人矣。《說文》云：『駉，牧馬苑也。』故篇名《駉》。」（P420）

183.《魯頌·有駜》「振振鷺，鷺于下。鼓咽咽，醉言舞，于胥樂兮！」

瑞玉曰：「鷺於下，醉言舞，一節事爾。鼓咽咽者，舞必有鼓節之。《宛丘》云：『值其鷺羽。』發首先言『坎其擊鼓』。」（P421）

184.《魯頌·泮水》「思樂泮水，薄采其芹。魯侯戾止，言觀其旂。」

瑞玉曰：「采之者，將釋菜於先師。」（P422）

「憬彼淮夷，來獻其琛。元龜象齒，大賂南金。」

余問：「琛即是賂，《經》何別言？」瑞玉曰：「琛，蠙珠之屬，淮地所生，故言其琛。大龜象齒金皆荊揚之產，遠而難得，故珍之曰『大賂』。」（P424）

185.《魯頌·閟宮》「是生后稷，降之百福。黍稷重穋，稙穉菽麥。」

瑞玉問：「重穋、稙穉，分配四穀，有義否？」余曰：「互文爾。又稷先種後熟，黍後種先熟，故言重穋。麥刈乃種菽，菽田又種麥，故言稙穉。」

「后稷之孫，實維大王。居岐之陽，實始剪商。至于文武，纘大王之緒，致天之屆，于牧之野。無貳無虞，上帝臨女。敦商之旅，克咸厥功。王曰叔父，建爾元子，俾侯于魯。大啟爾宇，為周室輔。」

瑞玉曰：「攻治其師旅，所以克也。咸，同也，周公同其有功。王，成王也。《箋》云：『后稷、大王、文王亦周公之祖考也。』伐紂，周公又與焉，故述之以美大魯。」（P425）

「六轡耳耳。春秋匪解，享祀不忒。皇皇后帝，皇祖后稷，享以騂犧，是饗是宜。降福既多，周公皇祖，亦其福女。」

瑞玉曰：「四馬八轡，繫其內服之轡，餘六轡在馬兩耳旁，故曰『耳耳』也。」（P425）

瑞玉曰：「皇祖，伯禽也。周公之下復言皇祖，則非后稷也。伯禽，始封之祖，故皇之。下文『白牡騂剛』，即蒙周公皇祖之交爾。」（P425）

「俾爾昌而大，俾爾耆而艾。萬有千歲，眉壽無有害。」

瑞玉曰：「艾，養也，治也，謂攸好德也。眉壽無害，謂康寧也。魯時衰弱，美僖公能用兵，設辭重慶之。」（P426）

「至于海邦，淮夷蠻貊。及彼南夷，莫不率從。」

余問：「《經》言『至于海邦』有二，何以爲別？」瑞玉曰：「上言遂荒大東，是謂海邦在東者。下言遂荒徐宅，則謂海邦在南者。」（P426）

「天錫公純嘏，眉壽保魯。居常與許，復周公之宇。魯侯燕喜，令妻壽母。宜大夫庶士，邦國是有。既多受祉，黃髮兒齒。」

瑞玉曰：「魯自慶父亂後，邦國幾不有矣，僖公始有之爾。兒齒，齒落更生細者，亦壽徵。」（P426～427）

「松桷有舄，路寢孔碩。新廟奕奕，奚斯所作。孔曼且碩，萬民是若。」

瑞玉曰：「『舄』與『碼』同，謂柱礎也，上桷下舄，所以成宮室也。路寢，正寢也，修舊曰新，新廟即閟宮也。奕奕，美人也。奚斯，公子魚也。曼，長也。萬民是若，謂國人順之。」（P427）

186.《商頌‧烈祖》「約軧錯衡，八鸞鶬鶬。以假以享，我受命溥將。」

瑞玉問：「『約軧錯衡』，古注以爲諸侯助祭者。」余曰：「《楚辭‧九歌》降神每言『車旗』，亦此類。」（P428）

《烈祖》，祀成湯也。

瑞玉曰：「《序》云祀中宗也，有中興之功，故稱《烈祖》。祭者，中宗子孫，稱湯孫者，以湯王業所起，故本言之。」（P428～429）

187.《商頌‧長發》「外大國是疆，幅隕既長。有娀方將，帝立子生商。」

瑞玉曰：「人之正德，如布帛之有福也。隕，墜也。當洪水平，百姓不親，如邊幅隕墜，既久長矣，唯有娀簡狄方大其德，其子能布五教，故帝舜立其子於商，爲始祖焉。」（P430）

188.《商頌‧殷武》「撻彼殷武，奮伐荊楚。罙入其阻，裒荊之旅。有截其所，湯孫之緒。」

瑞玉曰：「荊楚恃險難服，故高宗定謀撻，然疾速奮伐之，乘其不意，深

入其險阻。及荊人裒聚其旅，我兵已據險截之，令彼不能應援，以是遂服，此乃湯孫神武不殺之功業也。」（P431）

「天命降監，下民有嚴。不僭不濫，不敢怠遑。命于下國，封建厥福。」

瑞玉曰：「天命王官下監諸侯國，其有嚴敬下民，賞不僭，刑不濫，不敢怠遑者，則命於下國，爲諸侯封建制，以造其福，降監稱天命者，重其職也。」（P432）

「松桷有梴，旅楹有閑，寢成孔安。」

瑞玉曰：「閑，閡也。上柱下礎，礎所以閡楹也。」（P432）

四、王照圓宗族世系表

表（1）

人物 世系									
一世					忠				
二世					雲				
三世					俊	傑	偉	信	
四世				繹	綸	紀	紹	綜	
五世				鉞	錦	鎬	錡		
六世					國學	國史	國仕	國亨	
七世				朝薦	久任	化純			
八世			道溥	道隆	道增				
九世	鷥	鐸	鍔	鋌	脝	典			
十世					澣				
十一世				柔	從繩	機	檢	杲	棫
十二世					衍緒	廣緒	景緒	坦緒	
十三世					孔長				
十四世					兆琛				
十五世	伯潤	伯堃	伯平	伯涓	祖源				
十六世					懿榮	懿霖	懿棨		
十七世					崇燕	崇烈	崇煥		

注：王照圓十三世祖王孔長無子，過繼叔父之子王允長之次子王兆琛爲嗣子。〔註1〕

〔註 1〕參見《王懿榮世家人物傳記》，第38頁。

五、清代山東地區女性文學作家地域分佈表

表（2）

籍　貫	人數（個）	女作家
濟南府	17	歷城方壽、長山王碧瑩、濟南王麗娟、德州何氏（祕莘農妻）、德州張氏（張禎女）、臨邑邢順德、歷城李永、濟南李湘芷、鄒平李氏（長山袁德基妻）、長山李氏（趙伯麟妻）、章丘胡靜淑、齊河郝簪、章丘馬氏（劉振庸母）、章丘張雨、德州盧介祺（焦家麟妻）、章丘焦學漪（焦家麟長女）、德州盧著等。〔註1〕
萊州府	15	高密王清蘭、膠州王氏（薛文炫妻）、高密王氏（膠州高虞恂妻）、高密任麗金、掖縣李長霞、膠州柯劭慧（李長霞女）、柯劭惠（不詳）、膠州高梅先、高月娟姐妹、膠州高氏（周淑履女）、高密人單茞樓、膠州楊愼徽、膠州柯紉秋、膠州姜淑齋、膠州張寂眞等。
登州府	11	榮成于仙齡、福山王照圓、海陽王氏（即墨周忻繼妻）、萊陽左媛、萊陽姜道順、萊陽周淑履、萊陽冷玉娟、膠州胡氏（李允平妻）、黃縣杜浣花、蓬萊慕昌湘、寧海宮娥等。
兗州府	6	曲阜孔淑成、曲阜孔祥淑、曲阜孔璐華、曲阜孔麗貞、曲阜顏小來（顏光敏女）、滋陽牛氏（牛運震妹）等。

〔註1〕 濟南府還有德州宋素梅亦有文才，《歷代婦女著作考》概因其未有著作傳世而未作收錄。《施淑儀集・清代閨閣詩人徵略》卷四記載：「乾隆十六年（1751），聖駕南巡，素梅年甫十二，迎鑾獻詩。召入內帳，又面試一律，齎賜甚厚（《正始續集》）。素梅一綺歲女童拜進詩冊，尤爲千古奇聞（《正始續集》）。」民國徐世昌《晚晴簃詩匯》對宋素梅也有記載。

籍　貫	人數（個）	女作家
青州府	4	益都趙慈（趙執信女）、安丘趙錄縝、諸城劉若蕙、諸城劉琴宰等。
濟寧州	5	濟寧于淮珠、魚臺王氏（馬邦玉妻）、濟寧史麗君、濟寧謝錦秋、濟寧王順晉等。
武定府	3	濱州張琳、濱州張淑萓、沾化賈氏（李煥如妻）等。
沂州府	3	莒州劉氏（劉成均女）、莒縣莊湘澤、費縣謝氏（李英菶妻）等
東昌府	3	莘縣孫久、冠縣張氏（潘維城妻）、武城顏鉚等。
曹州府	1	城武唐恒眞。

六、王照圓《列女傳補注》關於 《列女傳》引《魯詩》說 23 則

表（3）

原文	王注
1.《母儀傳・棄母姜嫄》：「卜筮禋祀，以求無子。」	《毛詩》作「以弗無子」，此蓋《魯詩》說也。
2.《契母簡狄》：「有娀方將，立子生商。」	《毛詩》「立」之上有「帝」字。此蓋《魯詩》。
3.《湯妃有㜪》：「窈窕淑女，君子好逑，言賢女能爲君子和好眾妾。」	此蓋《魯詩》說也，與毛氏異義，爲鄭《箋》所本。
4.《衛姑定姜》：「先君之思，以畜寡人。」	畜，孝也。言婦能孝於姑，故於其歸去，涕泣而送之，賦《燕燕》詩也。此《魯詩》說。《毛詩》「畜」作「勖」，義異。
5.《齊女傅母》：「碩人其頎，衣錦絅裳。」	以爲傅母作，亦《魯詩》說也。絅，禪也。《毛詩》作「褧」，音苦迴切。此作「絅」，音與之同。《中庸》引「衣錦尚絅」，正與此合，《魯詩》說也。
6.《賢明傳・周南之妻》：「魴魚赬尾，王室如毀。雖則如毀，父母孔邇。」	毀，缺壞也。《毛詩》作「燬」。此蓋《魯詩》也。言王室多難，如將毀缺，不堅完也。
7.《楚老萊妻》：「橫門之下，可以棲遲。泌之洋洋，可以療饑。」	療，治也。「療」本作「樂」。此蓋《魯詩》，《毛詩》作「樂」。

原文	王注
8.《楚於陵妻》:「愔愔良人,秩秩德音。」	此亦《魯詩》,《毛詩》(「愔愔」)作「厭厭」。
9.《仁智傳·許穆夫人》:「許穆夫人者,衛懿公之女。」	據《左傳》,是懿公之妹,此言是其女,又言懿公不死於翟難,俱與《左傳》不合,疑亦本於《魯詩》說也。
10.《魏曲沃負》:「周之康王夫人晏出朝,關雎起興。」	「夫人」二字衍也。《文選注》引無之。「起興」作「預見」。又引虞貞節曰:「其夫人晏出,故作《關雎》之歌,以感誨之。」《漢書·杜欽傳》云:「佩玉晏鳴,《關雎》歎之。」《藝文類聚》張超賦云:「周漸將衰,康王晏起。」是皆以《關雎》為刺詩。《漢書注》云:「此《魯詩》也。」
11.《貞順傳·召南申女》:「女終以一物不具,一禮不備,守節持義,必死不往,而作詩曰:『雖速我獄,室家不足。』言夫家之禮不備足也。」	此《魯詩》說也。《韓詩外傳》同。
12.《衛宣夫人》:「女終不聽,乃作詩曰:『我心匪石,不可轉也。我心匪席,不可卷也。』」	此亦《魯詩》說也。然則女不聽同庖之言,至於兄弟覯怒,群小見侮,石席盟心,摽辟悲吟。觀其摛詞,終託奮飛,乃知此女遂終於衛而不復歸,良足悕已。
13.《蔡人之妻》:「芣苢之草,雖其臭惡。」	《韓詩章句》曰:「《采苢》,傷夫有惡疾也。」芣苢,澤瀉也。芣苢臭惡之草,詩人以芣苢雖臭惡乎,我尤采采而不已,與君子雖有惡疾,我猶守而不離去也。見《文選注》。是《魯》、《韓》意同。
14.《黎莊夫人》:「微君之故,胡為乎中路。」	中路,路中也。言所以微者,以君不見納之故,渠去將安歸?何為而行路中也。答傅母以明己不去之意。此亦《魯詩》也。《毛詩》「路」作「露」,以為黎侯寓於衛,其臣勸以歸。
15.《息君夫人》:「穀則異室,死則同穴。」	穀,生也。以為息夫人作,亦《魯詩》說也。
16.《息君夫人》:「君子謂夫人說於行善,故序之於《詩》。」	此《魯詩序》,不知列於何國之風。
17.《齊杞梁妻》:「我心傷悲,聊與子同歸。」	此引蓋亦《魯詩》,與《毛詩》異。

原文	王注
18.《辯通傳・晉弓工妻》:「君聞昔者公劉之行乎,牛羊踐藨葦,惻然為民痛之。」	《大雅・行葦》之詩曰:「敦彼行葦,牛羊勿踐履。」此引以為公劉之事,蓋《魯詩》說也。
19.《阿古處女》:「南有喬木,不可休息。漢有遊女,不可求思。」	《韓詩外傳》「息」作「思」。此《魯詩》也,當與《韓詩》同,唯《毛詩》作「息」耳。
20.《孽嬖傳・衛宣公姜》:「公使伋子之齊,宣姜乃陰使力士待之界上而殺之,曰:『有四馬白旄至者必要殺之。』」	按《詩》曰:「孑孑干旄,在浚之郊。素絲紕之,良馬四之。彼姝者子,何以畀之。」今以《傳》推之,疑《詩》即為此事而作業。必用白旄者,取易於識別也。以《詩》言「素絲」,故知為白旄也。浚,衛之界上邑。姜使力士待伋之地也。姝,忠順貌。姝子,謂伋子也。畀,與也。言彼四馬白旄,忠順之子,何故以此與之,深痛惜之辭也。此蓋出於《魯詩》之說,而劉氏述之,與《毛詩》異也。其紋夷姜、宣姜與《左傳》又異,蓋皆本於《魯詩》耳。
21.《齊東郭姜》:「《詩》曰:『枝葉未有害,本實先敗。』此之謂也。」	《毛詩》「敗」作「撥」,此蓋《魯詩》。
22.《續傳・漢楊大人》:「《詩》曰:『展彼碩女,令德來教。』」	展,信也。碩,大也。言心彼大賢之女,以善德來教也。此蓋《魯詩》。《毛詩》「展」作「辰」。
23.《班女婕妤》:「悲晨婦之作戒兮,哀褒豔之為尤。」	豔,《外戚傳》作「閻」,是也。《谷永傳》「閻妻驕扇」,說者謂是《魯詩》也。《毛詩》作「豔妻」。此疑據《毛詩》改耳。尤,尤物也。

七、王照圓《列女傳補注》引郝懿行說 12 則

表（1）

原　文	郝懿行之說
1.《母儀傳・有虞二妃》：「舜往於田號泣，日呼旻天。」	夫子曰：「一『呼』字，《孟了・萬章篇》俱作『於』。於即呼也。『籲』『於』古字通。『籲』『乎』聲又近，俱歎息之義。」
2.《魯季敬姜》：「結絲絑絕。」	夫子曰：「《韓非》作『轃繫解，因自結』，證知『絑』即『轃』字。」
3.《賢明傳・陶荅子妻》：「君不敬，民不戴。」	夫子曰：「《文選・秋風辭》及《與朝歌令吳質書》注並引《陶荅子妻》曰：『樂極必哀來。』無『來』字，疑在此下，今脫去之。且篇內多有韻之文，『戴』、『來』亦相韻也。」
4.《仁智傳・孫叔敖母》：「吾聞見兩頭蛇者死，今者出遊見之。」	夫子曰：「兩頭蛇，嶺外極多，人視爲常，不以爲異，見劉恂《嶺表錄》。故《爾雅》云：『中有枳首蛇。』枳首，即歧首也。夫蛇有歧首，與魚有比目正復相同。比目魚所在皆有，而云兩頭蛇見之者死，此流俗妄談耳。」
5.《貞順傳・衛宗二順》：「衛宗二順者，衛宗室靈王之夫人而及其傅妾也。」	六國時，衛無稱王者，此靈王不知何人也。下云「封靈王世家，使奉其祀」，亦不可知曉。據《史記》，衛君角廢爲庶人，而衛祀絕矣。傅妾，傅御之妾也。傅，近也。夫子曰：「下文言靈氏受三不祥，恐『靈王』即『靈氏』之誤耳。」
6.《節義傳・蓋將之妻》：「戎伐蓋，殺其君。」	夫子曰：「蓋，國名也。《竹書紀年》：『西戎滅蓋，在周幽王六年。』」

原　　文	郝懿行之說
7.《辯通傳·阿谷處女》:「自北徂南,將欲之楚,逢天之暑,我思譚譚,願乞一飲,以伏我心。」	夫子曰:「譚譚,《韓詩外傳》作『潭潭』,蓋皆『燂燂』之借音耳。」
8.《齊威虞姬》:「妾聞寡婦哭城,城爲之崩;亡士歎市,市爲之罷。」	夫子曰:「亡士歎市,疑用伍子胥吹簫吳市事,見《春秋後語》。『亡事』二字非誤也。」
9.《齊女徐吾》:「卒得容入,終沒後言。」	夫子曰:「沒,與『無』同。齊人言『無』如『沒』,謂『無有』爲『沒有』也。」
10.《孽嬖傳·魯宣繆姜》:「繆姜淫泆,宣伯是阻。」	夫子曰:「是阻,疑『寔怚』字之誤也。『寔』與『實』古字通。『怚』與『姐』音義同。」
11.《齊東郭姜》:「慶封乃使盧蒲嫳帥徒眾與國人焚其庫廄,而殺成羗。」	「羗」,當作「彊」。夫子曰:「『彊』、『姜』二字,古同聲通用。《毛詩》『鵲之彊彊』,《表記》作『鵲之姜姜』,正與此合。」
12.《續傳·陳國辯女》:「女曰:『墓門有梅,有鴞萃止。夫也不良,歌以訊止。訊予不顧,顚倒思予。』」	夫子曰:「『訊』俱『誶』字之誤。『誶』音『碎』,與『萃』相韻。誶,告也。作『訊』,音義俱舛矣。《毛詩》誤與此同,《楚辭注》引不誤。」

八、王照圓《列女傳補注》與梁端《列女傳校讀本》釋詞不同舉例20則

表（5）

原　文	王　注	梁　校
1.《母儀傳·有虞二妃》：事瞽叟猶若（初）焉。	若，順也。言二妃雖貴，猶能和順於舅姑。	初字，舊脫，從《太平御覽·皇親部》，一引校增。
2.《棄母姜嫄》：乃取置於寒冰之上，飛鳥傴翼之。	傴，曲背也。言飛鳥曲身以翼蔽其上下也。	《禮記·樂記》注云：以體曰嫗，傴與嫗古通用，《莊子·人間世篇》「傴拊人之民」，《釋文》引崔譔云：傴拊，猶嫗呴，謂養也。
3.《周室三母》：「大姜者王季之母，有臺（呂）氏之女。」	《北堂書鈔》引「女」下有「也」字，此脫。	臺，舊誤呂，從《史記·周紀集解》、《藝文類聚·后妃部》、《太平御覽·皇親部》一校改，臺與邰同。
4.《周室三母》：「禹后有莘姒氏之女。」	《史記正義》引「女」下有「也」字，此脫。又有「在邰之陽，在渭之涘」二句。	《史記·管蔡世家正義》引下有「在邰之陽，在渭之涘」二句。
5.《衛姑定姜》：「若令無，神不可誣。」	無，當作「有」。本《左傳·襄十四年》文，《傳》云：「無神何告？若有，不可誣也。」	疑「無」下脫「罪」字，《左傳》「神」下有「何告若有」四字，文稍異。

原　文	王　注	梁　校
6.《齊女傅母》：「稱列先祖，莫不尊榮。」	當作「榮尊」，與上下韻。	《楚辭‧遠遊》「榮」與「人」韻，東方朔《答客難》「榮」與「身」韻。
7.《齊女傅母》：「莊姜姆妹，卒能修身。」	當作「姆嬝」，言爲嬝氏子子母也。或曰：當是「母桓」。	吳縣黃氏丕烈曰：「妹。」宋本模糊，似是「教」字。
8.《魯季敬姜》：「推而往引而來者綜也，綜可以爲開（關）內之師。」	綜者，持絲交也。交之言爻，機綜往來，絲縷相持，形如爻也。開音皮變切，門上木名，開亦內外交之處也。	關，舊誤開，從《太平御覽》校改，云：「總推縷令往，引之令來，似關內師收合人眾，使令有節，關內師主境內之師眾。」
9.《魯季敬姜》：「夜而討過，無憾，而後即安。」	討，《國語》作「計」。然作「討」者是也。《左傳》「日討國人」、「日討國實」是其意。	討，《國語》作「計」。
10.《魯之母師》：「婦人之意，非有大故不出夫家。然吾父母家多幼稚，歲時禮不理，吾從汝謁往監之。」	謁，告也。	《太平御覽‧人事部》七十一引注云：謁，請也。
11.《賢明傳‧柳下惠妻》：「柳下既死，門人將誄之。」	誄，纍也。纍列其德行而爲諡也。	誄，《太平御覽》文部十二作「述」。
12.《魯臧孫母》：「斂小器，投諸臺。」	臺，地名也。《春秋‧襄十二年》「莒圍臺」，注云：「琅邪費縣南有臺亭。」即此。又臧母說云：「取郭外萌內之城中。」即有城郭，可知爲地名也。	段校曰：「臺」即「瓵」字。孫炎尒疋注云：瓵，瓦器，受斗六升。
13.《魯公乘姒》：「吾豈以欲嫁之故數子乎？」	數，猶「速」也。言婦人之事，須唱而後和，子既不復言嫁矣，我寧必求速嫁於子乎？	《漢書‧項籍傳》注「數」，責也。
14.《魯漆室女》：「女倚柱而嘯，旁人聞之，莫不爲之慘者。」	嘯，吹口作聲也。	《後漢書‧劉陶傳》注引作「嘀」，《太平御覽》人事部作「歡」，皇親部十三仍作「嘯」，疑後人改之也。

原　文	王　注	梁　校
15.《魏曲沃負》：「周之康王夫人晏出朝，《關雎》起興，思得淑女以配君子。」	「夫人」二字衍也。《文選注》引無之。	「朝」字衍，《尚書大傳‧雞鳴》「大師奏《雞鳴》於階下，夫人鳴佩玉於房中，告去，非出朝也。下句虞注即其證。《文選》、《後漢書‧皇后紀論》注及《詩考》引亦同，今本衍「朝」字反刪去「夫人」二字，尤非。
16.《貞順傳‧衛宣（寡）夫人》：「衛小國也，不容二庖，請願（願請）同庖。」	《御覽》引此下有「唯夫婦爲同庖」六字，蓋引注文。	「願請」二字舊誤倒，從《逸齋詩補傳》引校改。「夫人曰：唯夫婦同庖」八字舊脫，從《逸齋詩補傳》引校增，《太平御覽》有「唯夫婦爲同庖」六字，亦脫三字。
17.《魯寡陶嬰》：「嗚呼哀兮，死者不可忘。」	「哉」上脫「哀」字，《書鈔》引未脫。	「悲」舊誤「哉」，從《太平御覽》校改。
18.《辯通傳‧晉弓工妻》：「弓人之請見，曰：『繁人之子，弓人之妻也。』」	《御覽》引綦母邃注曰：「繁人，官名。」	《韓詩外傳》作「蔡人之子」。
19.《齊傷槐女》：「殆有說內之至哉。」	殆有說，言女必有解說也。內，與「納」同，內之，言令女人也。至哉，言趣之來也。凡作三句讀。	「殆有說內之」句「至哉」誤衍，《晏子春秋》作「是必有故今內之」。《楚處莊姪傳》「召之，姪至」，文義亦同。
20.《齊鍾離春》：「琅玕籠疏翡翠珠璣幕絡連飾。」	《新序》「籠」作「龍」，蓋與「甖」同。甖，房室之疏也。言以琅玕飾籠疏，又以翡翠珠璣連絡其間，以爲華飾。	《荀子正論篇》「龍茲」，楊倞注：龍茲，今之龍鬚席，《列女傳》「龍疏」，「疏」、「須」聲相近，曹大家亦不解，《新序》亦作「龍疏」。

九、梁端《列女傳校注》引王照圓《列女傳補注》之說 18 則（附郝懿行說 2 則）

表（6）

1.《魯季敬姜》：「物者，所以治蕪與莫也，故物可以爲都大夫。」	福山王安人照圓曰：「蕪如絲類之屬也。莫，與『膜』同。《內則》注云：『皮肉之上魄莫也。』」
2.《魯季敬姜》：「士朝而受業，書而講隸。」	王安人曰隸是肄字之誤，肄，習也，《國語》作「貫」，「貫」亦習也。
3.《鄒孟軻母》：「孟子處齊而有憂色，孟母見之曰：『子若有憂色，何也？』孟子曰：『不敏。』」	王安人曰據下文「敏」當作「也」。
4.《魯之母師》：「《詩》云：『出宿於濟，飲餞於禰。女子有行，遠父母兄弟。』」	王安人曰下脫「此之謂也」四字。
5.《賢明傳·周南之妻》：「生於亂世，不得道理，而迫於暴虐，不得行義。」	王安人曰「而」字衍。
6.《宋鮑女宗》：「若其以淫意爲心，而扼夫室之好，吾未知其善也。」	王安人曰「意」當作「慝」。

7.《楚於陵妻》：「楚於陵子終之妻也。」	王安人曰今濟南長山縣有於陵仲子墓。
8.《晉范氏母》：「設令伐株於山，將有馬爲也。」	王安人曰「馬」字衍。
9.《晉范氏母》：「夫險阻之山而伐平地之株，民二悅也。」	王安人曰「夫」當作「去」。
10.《貞順傳·衛宣（寡）夫人》：「厄窮而不閔，勞辱而不苟，然後能自致也，言不失也。」	王安人曰「也」字疑「已」字之誤。
11.《節義傳·晉圉懷嬴》：「吾去國數年，子父之接忘而秦晉之交不加親也。」	「友」，王安人曰當是「交」字之誤。
12.《辯通傳·齊宿瘤女》：「王大慚，曰：『寡人失之。』又曰：『貞女一禮不備，雖死不從。』」	王安人曰「又」當是「女」之誤。
13.《齊女徐吾》：「自與蔽薄，坐常處下。」	王安人曰：「『蔽』當作『敝』。」
14.《趙津女娟》：「妾聞昔者湯伐夏，左驂驪，右驂牝靡。」	王安人曰：「『驪』上疑脫『牝』字。」
15.《孽嬖傳·陳女夏姬》：「夏姬從之，巫臣使介歸幣於楚，而與夏姬奔晉。」	王安人曰：「《左傳》：『遂奔晉，晉人使爲邢大夫。』」此疑有脫文，下「大夫」二字當上屬。
16.《齊東郭姜》：「既居其室比於公宮。」	王安人曰：「『既』字絕句，『居其』當作『其居』，文誤倒耳。」
17.《續傳·班婕妤》：「其後趙飛燕姊妹有寵驕妒。」	王安人曰：「『驕妒』二字下文方見，疑此衍。」
18.《明德馬后》：「上時幸苑囿離宮，以故希從，輒戒言不宜晨起及禽。」	王安人曰：「『及』，疑『從』字之誤。」

1.《辯通傳・阿谷處女》：「子貢曰：『我北鄙之人也。自北徂南，將欲之楚，逢天之暑，我思譚譚。願乞一飲，以伏我心。』」	譚譚，《韓詩外傳》作「潭潭」，棲霞郝氏懿行曰：「潭潭，皆燂之借音。」《說文》：「燂，火熱也。」疑作燂爲是。
2.《孽嬖傳・魯宣繆姜》：「頌曰：『繆姜淫泆，宣伯是阻。』」	郝氏懿行曰：「阻」疑「怚」字之誤。《說文》：「怚，驕也。」

十、相關論文

1. 論清代山東地區女性文學的特徵

　　清代女性文學大盛，「婦人之集，超軼前代，數逾二千。」〔註1〕。這一時期的女性作家形成了一個極具才華的群體，在文學、繪畫、書法和音樂等多方面都表現出了很高的造詣。學界對女性文學的研究已經取得了階段性的成果，進入 21 世紀以來，開始更多地關注女性文化的地域因素，但注意力多從宏觀角度來考察女性文學的地域性特徵，例如宋清秀的《清代女性文學群體及其地域性特徵分析》（《文學評論》，2013年第 5 期）、王萌的《明清女性創作群體的地理分佈及其成因》（《中州學刊》，2005 年第 5 期）、陸草的《論清代女詩人的群體特徵》（《中州學刊》，1993 年第 3 期），或者視點多集中在江蘇、浙江、福建等南方地區，例如戴慶鈺的《明清蘇州名門才女群的崛起》（《蘇州大學學報》，1996 年第 1 期），傅瑛的《明清安徽婦女文學著述輯考》（黃山書社，2010 年版），甘霖的《清代貴州的女詩人》（《湖州師專學報》，1991 年第 2 期）。總體上對北方地區女性作家的專門研究較少。

　　李伯齊在《山東文學史論》中提到：「研究某一地域的文學現象，總結出某些帶有規律性的問題，在理論上加以說明，對於文學研究的深入，還是有

〔註 1〕　胡文楷：《歷代婦女著作考》，第 5 頁。該書凡二十一卷，清代獨佔十五卷。共收錄了歷代有著作成集的婦女四千二百餘人，清代便有三千八百餘人。再加上史梅女士輯出的未收入其中的一百一十八人。二者相加，則共有清代女性作家近四千人。

意義的。」〔註2〕胡文楷《歷代婦女著作考》共收錄了清代近四千名有著作可考的女性作家，其中山東地區就有 78 人。數量雖然無法與江南地區相比，但山東地區作爲華夏文明的重要基地，我國傳統文化的主要發源地之一，其獨特的自然地理特徵和社會文化特徵勢必會對這一地區女性文人的生活和創作產生一定影響。本文擬從作家裏籍分佈、群體特徵、著作類型和文學觀念等幾個方面探析清代山東地區女性文學的特徵，以期全面瞭解清代山東地區的女性文學風貌。

一、地域分佈

　　山東作爲傳統文化的發源地和誕生地，其文學受到了先秦兩漢思想的灌溉，經由魏晉南北朝、唐宋諸朝，歷經文化中心的多次轉移，最終在清代達到了全盛期，其女性文學也達到了頂峰。

　　研究一個作家、作家群體或者文學流派，首先要考定其鄉里籍貫，確定其生活環境。雖然各地的作家分佈受自然地理環境影響的情況類同，多分佈於江河湖海沿濱等土壤肥沃、農業發達的地區，但瞭解山東地區女性作家的地域分佈對於我們研究這一地區女性文學的地域性特徵仍具有很大的意義。

　　清代山東政區分佈大致沿襲明代，地方行政建制較爲穩定。雍正朝，山東全省共轄有濟南、兗州、東昌、青州、登州、萊州、武定、沂州、泰安、曹州 10 府，11 個散州，96 縣，基本奠定了今山東行政區劃的大體輪廓。胡文楷《歷代婦女著作考》中收錄了清代山東地區的女性作家 78 人，籍貫可考者有 67 人。現將數據按籍貫進行分類統計，如圖（1）所示。

籍　　　貫	人數（個）	籍　　　貫	人數（個）
濟南府	17	武定府	3
萊州府	15	沂州府	3
登州府	11	東昌府	3
兗州府	6	曹州府	1
青州府	4	泰安府	0
濟寧州	4		

圖（1）

〔註 2〕　李伯齊：《山東文學史論》，濟南：齊魯書社，2003 年版，第 21 頁。（以下所引版本俱同）

綜上可見，清代山東地區的女性作家雖然分佈廣泛，但主要集中在濟南、萊州、登州、兗州四府等沿濱地區。這一方面是自然地理環境影響的結果，另一方面，由於明清時期開展對外貿易，濱海地區的文化教育漸趨發達，瀕臨渤海、外環萊州灣的萊州府，尤其是膠州、高密兩地，出現了多位女性作家，諸如高密王清蘭、任麗君、單芭樓，膠州高月娟等，而遠離海洋但地處汶、泗之濱的曲阜，也誕生了孔氏女性作家群體。

政治文化中心的轉移也對山東地區女性作家的分佈造成了一定影響。先秦時期山東地區的政治文化中心在鄒魯一帶，秦漢時期全國政治文化中心西移，而原齊、魯作為傳統文化區的地位並沒有發生改變。漢、魏之際社會動亂，遠離政治文化中心的魯西南地區作家人數顯著增多。魏晉南北朝時期，世族門閥居於統治地位，文人人都集中於世家大族。隋唐定都長安（今陝西西安），齊州（今山東濟南）漸漸成為東部的政治文化中心，人才薈萃，而傳統文化區的臨淄、曲阜一帶相對衰落。宋元之際，社會相對穩定的濟南、東平一帶成為北方文化發達地區。至明清，城市經濟日趨發達，交通漸趨便利，政治中心對於文化以及人才成長的影響逐漸減弱，出現了新的文化格局。這種格局表現在山東境內幾乎每個州府都有名家。由上述女性作家的里籍分佈來看，清代山東地區的女性作家也幾乎遍佈在山東各個州府，這一方面是城市經濟發達的結果，同時也是文學日趨脫離政治尋求獨立發展的表現。

儘管清代山東地區的女性作家分佈廣泛，但局部地區依然具有明顯的發展優勢。濟南、兗州二府在清代曾是文化中心，文化傳統豐富，尤其是兗州府的曲阜和鄒縣兩地，受傳統文化的薰陶，歷史上曾誕生了曲阜孔氏這樣的文化家族。到了清代，曲阜孔氏的女性作家文學成就也十分突出，如孔淑成、孔祥淑、孔璐華、孔麗貞等，都有著作傳世，在山東地區的女性作家中具有一定的影響力。這體現出文學家族的聚居對山東地區女性作家分佈格局的影響。

總之，清代山東女性作家在地理分佈上較為廣泛，但受自然地理環境和文化傳統的影響，也表現出一定的不平衡性。

二、群體性特徵不明顯

由於國家較為安定統一，清代各地文學活動漸趨加強，造成了地域文化的進一步消亡，各地文學交流不斷，但群體性依然存在。江南地區經濟的發

展帶來了了文化的昌熾，人才密集，名家輩出，誕生了常州學派、虞山學派、婁東學派、常州詞派等文學流派和團體。

終有清一代，山東各地區都誕生了舉不勝數的文人作家。就男性作家來看，「本朝詩人，山左爲盛」〔註3〕，各個領域名家輩出，詩壇如王士禛、宋琬、趙執信，小說家如蒲松齡，戲曲家如孔尚任，詞人如曹貞吉等等。男性作家因其地位的特殊，各地男性文學往往因作家之前的結社及鄉誼舊遊的詩文酬唱等而帶有地方文化色彩，因而形成了大量的文學群體。學界對女性作家地域性特徵的研究多涉及女性作家群體研究。就清代女性作家群體而言，參考王端淑《名媛詩緯》、惲珠《國朝閨秀正始集》、黃秩模《柳絮集》、單士釐《清閨秀藝文略》、施淑儀《清代閨閣詩人徵略》和胡文楷《歷代婦女著作考》等書可以發現，清代江南地區的女性作家群體有很多，如袁枚隨園女弟子群、陳文述碧城仙館女弟子群、吳江葉氏家族群（蕉園詩社）、吳中十子等〔註4〕，都對當時以及後世的女性文學發展產生了重大的影響，並與男性文人群體一同促進了江南文學的發展。相比之下，清代山東女性作家並沒有結社現象，只有曲阜孔氏家族女性作家可以稱之爲群體。考其原因，筆者認爲大致可歸於政治、教育、思想觀念三個方面。首先，明清之際，山東地區與全國各地一樣，文人結社常常具有政治色彩。李伯齊先生《山東文學史論》在講到這一問題時舉例說：「大社與復社有聯繫，而大社在清立國之初即被取締。當時從事反清復明活動的顧炎武，長期寓居山東，與當時山東著名學者有著廣泛的交往。而他曾到東萊，並與從社成員、著名詩人徐夜交往密切。」〔註5〕女性作家雖然比一般婦人更多見識，但仍是不干政治的，女子沒有通過政治途徑結社的機會，其情感抒發的觸點也多來自閨房之內的悲歡離合。這一點可以解釋爲什麼清代女性作家少有結社，但用來解釋山東地區女性作家少有群體的現象似乎還稍顯籠統。其次關於山東地區的女性教育問題。杜眞眞在《明清山東婦女教育研究》〔註6〕中探討山東地區婦女接受教育的途徑

〔註3〕 〔清〕趙執信著，趙蔚芝、劉聿鑫注釋：《談龍錄》，濟南：齊魯書社，1987版，第72頁。

〔註4〕 參考宋清秀《清代女性文學群體及其地域性特徵分析》：「不僅蘇州、松陵、常州、湖州、陽湖等地的女性群體被關注，福建、廣東，甚至偏遠如貴州地區的女性文學群體都有文章論及。」

〔註5〕 李伯齊：《山東文學史論》，第90頁。

〔註6〕 杜眞眞：《明清山東婦女教育研究》，南京師範大學碩士學位論文，2011年。

時分別從「父母親長之教」、「夫家親長之教」兩個方面入手，論證了明清之際山東地區婦女接受教育的主要途徑是家庭教育。文中列舉了山東滕縣李氏、膠州高氏的教育情況，提及明清中下層家庭女性，無力聘請老師，女子多跟隨母親學習的現象。女子出嫁之後，又多受夫家家學的影響，例如福山王照圓、萊陽周淑履、東萊單茞樓等。雖然明清山東家庭也有開辦私塾的情況，但是私塾裏的教書先生通常也只是在一個地區零星地招收幾個女學生，很少能形成像袁枚隨園女弟子那般的規模。這可以看作是對這一時期山東地區女性作家群體特徵不明顯而且跨區域交流現象缺乏做出的解釋。政治的壓抑和以婦德、婦言、婦功為主要內容的教育方式造成了山東地區女性的思想保守、固步自封。加上不參與政治，只關注個人抒懷的文學創作思想，便導致了山東女性作家之間交遊、結社罕見的現象。

三、著作類型多樣化

清代學術鼎盛，成就輝煌。山東地區作為儒家思想的誕生地，經歷了先秦兩漢時期經學的輝煌，到了唐代以後，由於文化中心的南移、世族的衰落等一系列原因，山東地區的經學成就較唐代以前有所遜色，尤其是清代。汪中《國朝六儒頌》中所列的清代六大儒士[註7]沒有提及山東學者，清初三大家[註8]中也沒有山東籍作家。但這一時期山東地區的文學成就卻相對顯著，不僅誕生了大量的男性作家及作家群體，還出現了許多有著作傳世的女性作家。

黃傳驥《〈國朝閨秀詩柳絮集〉序》云：「閨閣之才，傳者雖不少，而埋沒如珍異，腐朽同草木者，正不知其幾許。」[註9]汪啓淑《擷芳集》、徐乃昌《小檀欒室匯刻閨秀詞》、《閨秀詩鈔》記載的江南地區女作家數量較多，王士祿《燃脂集》、《宮闈氏籍藝文考略》及許夔臣《國朝閨秀香咳集》則更多地關注山東地區的女性作家[註10]。胡文楷《歷代婦女著作考》中收錄了

[註7] 即崑山（江蘇省）顧炎武、德清（浙江省）胡渭、宣城（安徽省）梅文鼎、太原（山西省）閻若璩、元和（江蘇省）惠棟、休寧（安徽省）戴震六人，大部份分佈在江南一帶。

[註8] 即餘姚（浙江省）黃宗羲、崑山（江蘇省）顧炎武、衡陽（湖南省）王夫之三人。皆是江南人士。

[註9] 胡文楷：《歷代婦女著作考》，第 921 頁。

[註10] 參考宋清秀：《清代女性文學群體及其地域性特徵分析》，《文學評論》，2013年第 5 期。

清代山東地區 70 餘名有著作可考的女性作家。現將其著作按照內容分列如下：

詩歌類著作有：于仙齡《映山樓詩鈔》、于淮珠《散芳集》、孔淑成《學靜軒遺詩》、孔祥淑《韻香閣詩草》、孔璐華《唐宋舊經樓詩稿》、王照圓《和鳴集》、王碧瑩《東籬集》、（膠州）王氏《不夜樓詩草》、（高密）王氏《郭外樓詩草》、（海陽）王氏《絳雪亭詩稿》、史麗君《倩仙詩鈔》、任麗君《得月樓集》、（德州）何氏《歷亭吟稿》、冷玉娟《硯爐閣詩集》、杜浣花《秋風騰葉詩草》、李永《秋蛩吟》、李長霞《錡齋詩集》、李湘芝《柳絮集》、（長山）李氏《梅月樓集》、（鄒平）李氏《綠香樓遺詩》、邢順德《蘭圃詩草》、周淑履《峽緣草綠窗小詠》、胡靜淑《絳雲軒詩稿》、（萊陽）胡氏《靡他吟》、姜淑齋《淑齋詩草》、唐恒真《桐葉吟》、孫久《垚居書屋賦詩稿》（存賦體四篇賦，皆樂府古體）、宮娥《宮娥遺詩》、徐淑貞《繡餘書屋吟稿》、郝豐《秋岩詩集》、（章丘）馬氏《寒清詩草》、高月娟《埋香鷗集》《塗鴉草》、高梅先《瓣香閣詩鈔》、（膠州）高氏《孺居詩草》、張琳《怡梅詩存》、（德州）張氏《茹茶吟》、王麗娟《香國小草》、柯劭慧《思古齋詩鈔》、單莒樓《碧香閣遺稿》、焦學洊《竹韻軒詩草》、楊慎徽《紅葉書屋詩稿》、（沾化）賈氏《乞巧樓詩集》、趙錄縝《天諒室詩略》、慕昌洤《古餘鄉閣詩》、盧介祺《妙香閣詩稿》、謝錦秋《織霞遺集》、顏小來《恤緯齋集》《晚香堂集》、莊湘澤《籟聲閣詩詞集》、柯紉秋《香雲閣騰稿》、柯劭惠《歲寒閣詩存》、張淑茝《繡香閣詩草》、王清蘭《陋室吟草》等。

詞類著作有：姜道順《古柏軒集》、顏小來《晚香詞》、柯劭慧《楚小詞》、莊湘澤《籟聲閣詩詞集》等。

學術研究類著作有：王照圓《列女傳補注》《列仙傳校正》、趙懿《詩學源流考》等。

文集類著作有：王照圓《閨中文存》《夢書》、（冠縣）張氏《遺訓》、孫久《垚居書屋賦詩稿》（存體四篇賦，皆樂府古體）。

藝術類著作有：方壽《芝仙小草》、王清蘭《畫詮》、（高密）單氏《琴譜》等。（另有姜淑齋，世傳其為著名女書法家，但未有作品傳世）。

由上述分類可知，清代山東地區的女性作家著作類型十分豐富，總體上以詩歌類為主，詞、賦、藝術、學術研究類著作相對較少。且往往一名作家博學多才，涉獵廣泛，兼有以上多種類型的著作。例如福山王照圓，出身於書香門第，幼年頗受其母林孺人的教導，博經涉史，二十歲即作《葩經小記》，後與郝懿行結為伉儷，常以詩詞唱和。她對《詩經》有著獨特的見解，郝懿行所傳《詩問》、《詩說》中引「照圓說」頗常見。二人共同致力於學問研究，在清代學術史上留下了美名。清代許多著名學者對王照圓的學術成就也給予了極高的評價，臧庸、馬瑞辰曾為其《列女傳補注》作序，臧庸更贊其「當代女師，一人而已矣」。可見當時男性學者對女性學者的關注以及肯定。王照圓可以說是一位具有多方面才華的女性作家，她一人雖無法代表整個山東地區女性作家的創作風貌，卻隱隱透露出清代中後期女性文化的發展傾向，即在女性深受壓迫的清代山東地區，女性作家中萌發出一股尋求女性解放、精神獨立和自由發展的意念，這一意念體現在生活的方方面面，從而影響了其文學創作和學術研究的整體風貌。

雖然清代山東地區經學成就整體上無法與文學成績相媲美，但治經、研經者依不乏少數。女性作家中除了王照圓之外，還有益都趙慈，頗有學術才華。趙慈出身於書香門第，是清代著名詩人趙執信之女，幼承家學，受到良好的文化教養與薰陶，擅長吟詠詩詞且風韻不凡。她自幼熟讀《詩經》，後在其父親指導下寫過《詩學源流考》一卷，但由於家貧，著而未傳。《清代閨閣詩人徵略》中將趙執信、趙慈父女與東漢蔡邕、蔡文姬父女相提並論，對趙慈的才情評價甚高。

總之，清代山東地區的女性作家著作類型豐富多彩，內容廣博，以詩詞類為主，兼有藝術類、學術類著作，呈現出全方位的發展風貌。

四、文學創作的教化特徵

縱觀中國文學史，歷代都有女性作家登上文壇，大放異彩，傳達著女性在精神領域尋求與男性平等地位的渴望。然而長期以來，女性文學創作依然面臨著重重的輿論壓力，「女子無才便是德」的觀念在清代社會依然發揮著重要的影響力，使得女性文學創作備受詬病，其處境正如沈善寶《名媛詩話·自序》中所言「閨秀之學與文士不同，而閨秀之傳又較文士不易。蓋文士自幼即肄習經史，旁及詩賦，有父兄教誨，師友討論。閨秀則既無文士師承，

又不能專習詩文，故非聰慧絕倫者，萬不能詩。生於名門巨族，遇父兄師友知詩者傳之尚易，倘生於蓬草，嫁於村俗，則湮沒無聞者，不知凡幾。」〔註11〕而且稍有不慎，便會被視為洪水猛獸，大加撻伐。焦循認為「婦女僑取詩名，尤為可笑」〔註12〕，「有婦人女子之心，不可以為詩」〔註13〕。章學誠更指責袁枚招收女弟子：「近有無恥妄人，以風流自命，蠱惑士女，大率以優伶雜劇所演才子佳人惑人。大江以南，名門大家閨秀多為所誘，徵刻詩稿，標榜聲名，無復男女之嫌，殆忘其身之雌也。此等閨娃，婦學不修，豈有真才可取？而為邪人播弄，浸成風俗。人心世道，大可憂也。」〔註14〕他還特別在《文史通義》中立《婦學篇》和《婦學篇書後》，強調「男女實為千古大防」〔註15〕。可見，當時婦女文學的創作已經大大超出傳統社會對女性的角色規定，引起了正統文人的注意和不滿，女性文學創作依然面臨著重重的輿論壓力。

女性文學寫作即使在婦女意識逐漸覺醒、逐漸尋求解放的明清兩代，依然備受詬病。因此明清時期很多閨秀精英，甚至是一些支持女性創作的男性學者，都在試圖尋求女性進行文學寫作的合理性和正統性。很多學者因《詩經》中所蘊含的柔性特徵和女性關懷，建構起了一個以《詩經》為源頭的文學傳統，並以此來彰顯女性文學創作的悠久性。〔註16〕。

《禮記·經解》載孔子曰：「入其國，其教可知也。其為人也溫柔敦厚，詩教也。」〔註17〕「溫柔敦厚」可以看作是儒家詩教中最具代表性的觀點，本義指人溫和寬厚，後來引申為一種藝術原則，即文學藝術在內容上要深鬱厚篤，既不叫囂乖張，又不淺顯直露；表達方式上要委婉含蓄，強調「止乎禮義」和「主文而譎諫」。為了為女性文學創作尋求合理性，學者們將儒家溫

〔註11〕 杜松柏：《清詩話訪佚初編》，臺灣：新文豐出版社，1987年版，第3頁。

〔註12〕 〔清〕焦循：《里堂家訓》卷二，臺北：文史哲出版社，景印《傳硯齋叢書》本，1971年版，第19～20頁。

〔註13〕 〔清〕焦循：《與歐陽制美論詩書》卷十四，《雕菰樓集》，道光四年阮福校刻本，第27頁。

〔註14〕 〔清〕章學誠：《丙辰札記》，北京：中華書局，1986年版，第98頁。

〔註15〕 〔清〕章學誠著，嚴傑、武秀成譯注：《文史通義全釋》卷五，貴陽：貴州人民出版社，1997年版，第738頁。（以下所引俱同）

〔註16〕 宋清秀：《清代女性文學群體及其地域性特徵分析》，《文學評論》，2013年第5期。

〔註17〕 〔漢〕鄭玄箋，〔唐〕孔穎達疏：《禮記正義》，景印《十三經注疏》本，第381頁。

柔敦厚的詩教移植到女性文學創作領域，視爲女性寫作的基本規範。究其原因，有學者認爲「溫柔敦厚的詩教傳統一則可以昭示女性寫作的正統性，使文學活動具有合法性；二則與傳統的婦德觀念一致，與女性的氣質秉性相契合；又因女性文學活動空間的不斷擴大，女性之間的交友網絡逐漸擴展，文學雅集活動愈加頻繁，就更需要這種詩教傳統爲女性文學活動的合法性正名。」〔註18〕

《詩經》相傳經過孔子整理而成，孟、荀著作中也多引用，與儒家文化有著密切的關係。山東作爲齊魯文化之鄉，儒家思想的誕生地，該地區女性文學創作對於溫柔敦厚的詩教傳統比其他地區擁有更直接的文化傳承優勢，因而在彰顯溫柔敦厚的詩教傳統方面所做出的努力也更加突出。

以福山王照圓爲例。王照圓年幼失怙，幸得其母林孺人知書達理，居家有法，使讀《孝經》、《內則》、《毛詩》等，故其居閨門之內亦能博涉經史。她著述繁富，其代表著作《列女傳補注》在當時的學術界引起了一定的反響。王照圓在其自序中說道：「照圓六歲而孤，母林夫人恩勤鞠育，教以讀書。嘗從燕閒，顧照圓而命之曰：『昔班氏注《列女傳》十五卷，今其書亡，如能補爲之注，是余所望於汝也。照圓謹誌之不敢忘。分陰遄邁，奄忽四七，寸草盟心，遂成衒恤，追省前言，恒隕越以滋懼。」〔註19〕可見王照圓注《列女傳》的主要原因是爲了完成母親的意願。封建傳統婦女觀念濃厚的清代社會，對女性的要求也表現在一些女教讀物的傳播上，劉向的《列女傳》自然列入其中。可以大膽假設，王照圓補注《列女傳》一方面是遵母命，另一方面也與王照圓的婦女觀念有莫大關聯。她一方面著書立說，希望表達自己的觀點，獨立地抒情言志，另一方面她也對傳統的「婦德」、「婦言」、「婦功」觀念表示支持。儘管在整部書中很少見到王照圓自己的思想觀點，但其對貞順、節義、仁智、賢明等女的讚揚，對妲己、褒姒等女的批判也在字裏行間有所流露。王照圓深受儒家溫柔敦厚思想的影響，不漏聲色地表達自己的觀點，或是批判或是褒揚，都做到委婉含蓄、深鬱厚篤。

王照圓在《補注》中基本保留作者原意，也不猛烈批判，即「不遄愚蒙，略依先師之詁，用達作者之意。凡所詮釋，將以通其隱滯，取其唅諷，至於

〔註18〕　宋清秀：《清代女性文學群體及其地域性特徵分析》，《文學評論》，2013 年第5 期。
〔註19〕　〔清〕王照圓著，虞思徵點校：《列女傳補注》，第 415 頁。

義所常行,或傳記成文,舊人已注,則皆闕而弗論。」〔註20〕可謂繼承了儒
家詩教中的溫柔敦厚之意。此外,在經義方面,凡《列女傳》所引《詩》文
義與《毛詩》異者,《補注》皆歸爲《魯詩》之說〔註21〕。亦可見王照圓注經
受齊魯文化傳統的影響之深。

　　不僅《列女傳補注》,王照圓在其他的著作中也表現出了對儒家溫柔敦厚
詩教傳統的遵循。她自小便接觸《詩經》,「母恩勤鞠育,以至成人,十年教
讀《孝經》、《內則》,十二授《毛詩》,略通大義。」〔註22〕儘管「幼不喜讀」,
但「母令背諷,常至夜分」〔註23〕。正是在這種薰陶之下,照圓熟讀《詩經》,
並且對《詩經》有自己的獨特見解。她解詩、注詩也嚴格地遵循了儒家溫柔
敦厚的詩學思想。她在《松岑詩草序》中寫道:「余幼讀毛詩,每歎風雅之作,
感人深矣。夫其一往纏綿,溫柔敦厚,閨閣之摛詞也。」〔註24〕而且她「幼
時不讀變風變雅」〔註25〕,可見她對傳統詩教的維護。再如郝懿行《詩說》
中寫道他在與照圓討論到女子出嫁「親迎」和「就迎」時言:「瑞玉獨非之,
因舉詩曰:『雖速我獄,室家不足,雖速我訟,亦不汝從』,此申女因夫家一
理不備而不行也,奈何今俗苟且以至如斯?」〔註26〕可見照圓對於女子出嫁
時的迎娶之禮的看重。這是儒家禮文化傳統根深蒂固的表現。

　　儘管王照圓一人無法代表整個清代山東地區的女性作家,但王照圓對儒
家溫柔敦厚詩教傳統的遵循亦可以給我們很多啟示。山東是儒家思想的誕生
地,特殊的地緣優勢和文化傳統勢必會對該地區的女性文化產生潛移默化的
影響,歷經千載仍有餘韻。

〔註20〕　〔清〕王照圓著,虞思徵點校:《列女傳補注》,第415頁。
〔註21〕　對於《列女傳》引《詩》問題,學術界大致有兩種看法,一種認爲劉向是楚
　　　　　元王交四世孫,而楚元王交嘗受《詩》於浮丘伯,所以世傳魯學。這種觀點
　　　　　肇始於南宋王應麟,清代朱彝尊、臧庸亦本之,王照圓亦襲其說。另一種觀
　　　　　點則認爲劉向所引《韓詩》頗多,支持此觀點的有馬瑞辰、王引之等。然三
　　　　　家詩相互混淆千載之餘,釐清其中歸屬實非易事。
〔註22〕　韓寓群主編:《山東文獻集成》第二輯第48冊,王照圓《曬書堂閨中文存》,
　　　　　第643頁。
〔註23〕　韓寓群主編:《山東文獻集成》第二輯第48冊,王照圓《曬書堂閨中文存》,
　　　　　第643頁。
〔註24〕　韓寓群主編:《山東文獻集成》第二輯第48冊,王照圓《曬書堂閨中文存》,
　　　　　第644頁。
〔註25〕　韓寓群主編:《山東文獻集成》第二輯第46冊,郝懿行《詩說》,第754頁。
〔註26〕　韓寓群主編:《山東文獻集成》第二輯第46冊,郝懿行《詩說》,第753頁。

五、結語

清代山東地區女性文學較前代大爲發展，儘管從作家數量和著作數量上都無法與江南地區相比，但依然具有明顯的地域性特徵。主要表現在：第一，山東地區女性作家的地域分佈廣泛，但局部地區如濟南、曲阜一代受歷史文化傳統影響較深，具有明顯的發展優勢；第二，受政治、教育和思想等因素的影響，清代山東地區女性作家幾乎沒有結社現象，群體性特徵不明顯；第三，文化傳統和教育觀念影響了該地區女性作家的著作類型，形成了豐富多彩的局面。第四，因爲與儒家思想有特殊的淵源關係，山東地區女性文學在遵循儒家溫柔敦厚詩教傳統方面更具明顯性。

2. 清代才女沈善寶與王照圓「才名」觀念比較

有清一代，雖然還有諸多男性學者，著名的如章學誠、焦循等，對女性進行文學創作提出了反對，甚至猛烈抨擊，但女學的繁盛似乎已經呈現出不可阻擋之勢。章學誠曾經公開指責袁枚招收女弟子的行爲，認爲「大江以南，名門大家閨秀多爲所誘，徵刻詩稿，標榜詩名，無復男女之嫌，殆忘其身之雌也。此等閨娃，婦學不修，豈有眞才可取？而爲邪人播弄，浸成風俗。人心世道，大可憂也」。〔註27〕他甚至在《文史通義》中特立《婦學篇》和《婦學篇書後》，強調「男女實爲千古大防」〔註28〕。這一方面是傳統婦女觀念依然濃厚，婦女地位低下的表現，但另一方面，這種學界對女性進行文學創作的公開批判，也反映出當時婦女的文學創作已經超出了傳統社會對女性的角色規定，並對清代學術界產生了一定的衝擊力。

正是在這種文化衝突不斷，文化日益呈現多元化的背景之下，傳統社會的女性角色遭到挑戰，「閨言不出閨門」的傳統女性才德觀受到衝擊，女性作家用自己不同於男子的獨特視角，敏銳地捕捉著時代的變化，其創作視線也超出了閨房之內。「傳統中國女性多是在家庭背景內進行詩歌寫作，自 17 世紀以降，特別是明代覆亡後，在沒有家庭紐帶關係的詩人群體中出現了重要的文學聯繫。這些詩人可在家庭背景外進行寫作並希冀獲得聲名。」〔註29〕她們走出閨房，大膽求師結友，成爲一時風尚。她們不僅渴

〔註27〕〔清〕章學誠：《丙辰札記》，北京：中華書局，1986 年，第 98 頁。
〔註28〕〔清〕章學誠著，嚴傑、武秀成譯注：《文史通義全釋》卷五，第 738 頁。
〔註29〕魏愛蓮：《十九世紀中國女性的文學關係網絡》，《清華大學學報（哲學社會科學版）》，2008 年第 3 期。

望在同性文壇中爭一席之地，並且心懷與男子一爭高下的抱負，由此帶來了對才名的強烈追求。沈善寶和王照圓作爲清代中後期南、北方女性文學的代表人物，其「才名」觀念的異同，在整個清代女性文壇頗具代表性。比較二人的「才名」觀念，有助於我們更加清晰地認識清代才女文化。有鑑於此，本文擬從早年家庭教育、生活經歷以及角色轉化三方面對沈、王二人的「才名」觀念進行比較分析，以期對沈、王二人以及清代才女文化的研究有所助益。

一、早年家庭教育與「才名」觀念的形成

沈善寶（1808～1862），字湘佩，號西湖散人，錢塘（今浙江杭州）人，清代道、咸年間的著名女詩人。江西義寧州判任沈學林之女，咸豐時吏部郎中武淩雲妻，著名學者陳文述碧城仙館女弟子之一。沈氏秉承家學，「博通書史，旁及歧黃，丹青、星卜之學，無所不精，而尤深於詩」〔註30〕，一生中著述頗豐，有《鴻雪樓詩選初集》、《鴻雪樓詞》及《名媛詩話》等著作傳世。她一生飽經憂患與動亂，經歷坎坷而頑強不屈，是一位以「鬻詩售畫」謀生而使「八棺並葬」的閨中豪傑，是一位「欲以巾幗覓封侯」的愛國英豪，也是一位弟子滿天下的詩壇宗主和女性詩論專家。

王照圓（1763～1851），字瑞玉，一號婉佺，山東煙臺市福山區人，清代嘉、道年間著名女詩人、學者，經學大師郝懿行繼妻。照圓博通經史，能填詞作詩，亦擅長工筆山水，當時以才藝而獲「福山李清照」的讚譽。有《列女傳補注》、《列仙傳校正》、《夢書》、《曬書堂閨中文存》等著作傳世，在當時影響頗深，清代著名學者臧庸評價其「當代女師，一人而已矣」。

人的一生可能有多種價值取向，但很多東西都肇始於童年。早期的生活經歷、童年的記憶以及在這種環境中所產生的意識，還有由此決定的思考方式和行爲方式，都在潛移默化地影響著一個人今後的生活。「從詩人角度講，一個偉大的詩人，早年必有根。」〔註31〕沈善寶與王照圓雖然生活在不同的年代，但她們均是才情天賦，自幼好讀書，很早便進行文學創作，其早期的生活經歷對她們才名觀念的形成有很重要的影響。

〔註30〕 〔清〕沈善寶：《名媛詩話續集》下第十九，清光緒鴻雪樓刻本影印。
〔註31〕 魏中林：《錢仲聯講論清詩》，蘇州：蘇州大學出版社，2004年版，第91頁。

　　沈善寶出生於嘉慶十三年（1808）〔註32〕，祖上爲吳興望族。其父沈學林曾任江西義寧州判任，其母吳浣素，「亦一時名媛」，曾與烏程徐德馨等女詩人結社聯吟，著有《簫引樓詩集》。父母皆是好文雅之人，這爲沈善寶的童年創造了良好的生活環境。她也曾在詩歌中自述童年時期「年年隨侍作遊仙，綠水青山放畫船」、「記西湖競渡，命題援筆」（《清明展先慈墓泣成》）。這段時期內，沈善寶受到了良好的家庭教育，「幼秉異質」，很早就表現出過人的文學天賦：「四歲識『之』、『無』，總角解吟諷。三唐與六朝，過目皆成誦」（《除夕祭詩》）。清代一般閨秀家庭對女子的教育更重視女德，而沈善寶的父母比較開明，讓她從小承訓鯉庭，接受系統的詩學教育，從其詩句「蒲筋猶記教『之』、『無』」，「當年空費父傳書」中可知其父對她的詩學思想的啓蒙教育，從「教辯四聲勞阿母，七歲敢矜壓通儒」可知其母對她早年教育亦有不易之功。在這種家庭環境的薰陶之下，沈善寶九歲之時便開始她的創作之路，並深得父母讚賞：「隨宦章江擅彩毫，吟成博得雙親喜川。」（《除夕祭詩》）在父母的鼓勵之下，沈善寶勤奮好學，不僅「性嗜詞章，幼耽翰墨」（《除夕祭詩》），更在十二歲時便立下雄心壯志：「待到干霄日，人皆仰面看。」（《新筍》）在傳統婦女觀念依然濃厚的清代中後期，這種男子般的氣魄，奠定了沈善寶日後文學創作的方向。〔註33〕

　　與沈善寶相仿，王照圓出生於福山王氏家族，自小便表現出過人的文學天賦。《和鳴集》中載：「瑞玉十歲尙未讀書，秋夜新霽，與諸女伴戲月下，因得句云：『海上一輪月，乾坤通徹明。兔宮桂花滿，先照玉堂中。』」（《秋月》）這使得她備受父母期許。照圓父親王錫瑋，是中國近代史上的甲骨文之父王懿榮的從曾叔祖，因爲早逝未能博取功名，史料記載很少。其母林氏被尊稱爲林孺人，當時著名學者牟庭便有《節母林孺人家傳》一文。按照史書記載，孺人是古時大夫妻子的稱呼，唐代稱王的妾，宋代用爲通直郎等官員的母親或妻子的封號，明清則爲七品官的母親或妻子的封號，亦通用爲婦人的尊稱，以此也無法推斷照圓之父的身份。但史料記載林孺人爲棲霞望族，因而可以推知，王照圓的家庭也非尋常百姓之家。王照圓自述「余六歲而孤」，

〔註32〕　據張宏生：《才名焦慮與性別意識──從沈善寶看明清女詩人的文學活動》中推測「沈善寶《鴻雪樓詩選初集》的第一首詩爲己卯所寫，己卯爲嘉慶二十四年（1819），沈善寶十二歲，逆推十二年，知沈善寶出生於嘉慶十三年（1808）」。

〔註33〕　矗欣晗：《清代女詩家沈善寶研究》，暨南大學碩士學位論文，2005年。

可知父親對於王照圓的影響應該不大。相較之下，其母林孺人出身於棲霞望族，從小便接受了良好教育，對照圓更是細心栽培，「十年教讀《孝經》、《內則》，二十授《毛詩》，略通大義」。

清代女學大盛，但傳統女性的社會地位卻沒有明顯的改善。女子可能在于歸前滿腹才情，一旦出嫁、生子，她們的命運便會改寫，從此過上相夫教子的生活，她們的文學才藝也從此被壓抑。但她們若是擁有獨立教育兒女的權利，她們的文學激情便有可能得到釋放。熊秉真指出「明清社會的書香門第，母親望子成龍的心情較父親更爲迫切，因爲在傳統的等級社會中，由於性別差異，母親無法依靠自己的力量獲得公眾的認可，她追求成功的心願，只能通過男性來實現，而兒子無疑是助其顯揚的最佳人選」〔註 34〕。筆者認爲這種觀點很有道理，但母親的希望絕不僅僅寄託在兒子身上，擁有才情的女子亦能擔此重任，並且女子特有的情思與母親更容易達到心靈的契合。王照圓之母林孺人便是如此，一方面是滿腹的才情無處施展，一方面感到照圓有文學天賦，便將自己所學授與照圓，並表達了自己的期許。王照圓在《列女傳補注敘》中提到：「母林夫人恩勤鞠育，教以讀書，常從燕閒顧照圓而命之曰：『昔班氏注列女傳十五卷，今其書亡，如能補爲之注，余所望於汝也。」〔註 35〕不僅如此，王母除了自己傳授照圓知識，還爲其聘請老師，例如林孺人之族兄王古村。郝懿行之友牟庭《節母林孺人家傳》云：「（林孺人）訓婉佺以禮，針指之暇，課令讀父書，授以孝經、內則、毛詩，尊師勤學，爲婉佺相攸得郝蘭皋延入甥館，爲致名師講習，已而蘭皋成進士，官戶部，封婉佺安人，夫婦同學，久官益貧，然富於著述，其書滿家，海內稟仰，延爲經師，此孺人平生所願望者也。」〔註 36〕由此可見，王母對王照圓的期許之高。她不僅希望自己的女兒成爲有才情的女文學家，更希望她成爲眞正的學者。以至於在母親過世之後，照圓亦是常常以詩明志：「三十年來拂面塵，而今未改鏡中春。平生要作校書女，不負烏衣巷里人。」(《勵志》)王照圓這種對於才情、才名的追求，在很大程度上來源於母親的影響。

〔註34〕 雄秉眞：《好的開始：近世士人子弟的幼年教育》，《近世家族與政治比較歷史論文集》，中央研究院近代史研究所，1992 年版，第 207 頁。

〔註35〕 韓寓群主編：《山東文獻集成》第二輯第 48 冊，王照圓《曬書堂閨中文存》，第 640 頁。

〔註36〕 韓寓群主編：《山東文獻集成》第一輯第 38 冊，牟庭《雪泥書屋遺文》，第 696頁。

　　沈善寶與王照圓早年都受到了良好的家庭教育，尤其是母親的教育培養，對她二人的一生都影響深遠。但仔細比較，仍能看出些許差別。清代傳統的女性才德觀念依然濃厚，女性接受教育的主要途徑是家庭教育。清代的女教主張：「有女弟子從學者，識字、讀《弟子規》，與男子同；更讀《小學》一部，《女四書》一部，看《呂氏閨範》一部，勤與講說，使明大義。只須文理略通，字跡清楚，能作家書足矣。詩文均不必學，詞賦尤不可學。」（《訓學良規》）但事實上，明清兩代士人家庭以文學藝術為主要內容對子女進行教育的現象並不少見，沈善寶就是很好的例子。沈善寶出生於江南地區，受地域文化和家庭環境的雙重影響，父母的教育思想較為開明，沈善寶雖為名門閨秀，但並未習讀《女誡》、《女訓》類書目，父母不重女德教育，而偏重於對沈善寶文學才情的培養。這與其母親的示範作用有很大關係。沈母出身名門，但思想觀念較為開明，也曾打破傳統觀念對女性的束縛，與同時代的女性文人交友結社。這種交友結社，一方面使得才情得以施展，另一方面也是追求才名的體現。這種追求勢必會通過教育耳濡目染地影響到沈善寶的才名觀念。結合沈善寶日後的生活經歷和著作可以瞭解，沈善寶的才名觀念十分濃厚，並且有強烈地繼承母志的意願。這一點在王照圓身上也有體現，但王母與沈母的教育觀念有很大不同。如上所述，照圓從小由其母授《孝經》、《內則》，更遵母命補注《列女傳》，這一切都是深受傳統觀念影響的結果。究其原因，山東地區是孔孟之鄉，儒家思想的誕生地和發源地。儒家恪守禮節、弘揚孝道的思想由來已久，又經宋明理學的發展，對婦女的德行要求十分嚴格。這一切使得生長在齊魯之鄉的王照圓母女耳濡目染。照圓不論說詩還是作詩，都常常留露出對儒家思想的尊奉，尤其是儒家溫柔敦厚的詩教傳統。她在《松岑詩草序》中寫道：「余幼讀《毛詩》，每歎風雅之作，感人深矣。夫其一往纏綿，溫柔敦厚，閨閣之摛詞也。」〔註37〕所以她「幼時不讀變風變雅」，可見王照圓對傳統詩教的維護。所以即使心懷遠志，王照圓對才名的追求也顯得溫婉，不張揚。而沈善寶由於生活經歷更加豐富而坎坷，所以終其一生，她的才名觀念表現得十分強烈而直接。下文將要論述的內容更體現了這一點。

　　總之，早年接受的良好的家庭教育，使沈、王二人萌生了對「才名」的追求，但因教育觀念的不同又表現出一定的差異，沈善寶執著中更顯激烈，

〔註37〕韓寓群主編：《山東文獻集成》第二輯第 48 冊，王照圓《曬書堂閨中文存》，
　　　　第 644 頁。

而王照圓執著中多見溫婉，這一區別奠定了二人今後「才名」觀念相異的基調。

二、生活經歷與追求動力的差異

沈善寶與王照圓早年都受到了良好的家庭教育，萌生了對才名的追求。後隨著生活經歷的不斷變化，二人的才名觀念也受到不同程度的影響。

沈善寶九歲（1816）時，「簫引樓毀於回祿，家中萬卷藏書悉遭回祿」（《秋日感懷》自注），一場突如其來的大火使她家道中落。次年，父親沈學琳遠赴江西義寧州判任，全家隨父宦遊江西，沈善寶也從此失去了安穩的家庭環境。〔註38〕沈十二歲時，父親沈學林為同僚所僭，自裁而死。突如其來的變故將沈家一下子推向了深淵，也給了長女沈善寶深深的一擊，她從此擔負起養活一家八口的重任。年少的沈善寶面對家庭變故，面對父親的慘死，悲憤交集，她時常在詩歌中表達自己為父報仇的決心。「緹縈救父傳今古，看取吳鉤恨有餘」〔註39〕「愧說曹娥能覓父，空悲趙女欲尋仇」〔註40〕。但為父報仇豈是她一個少女能辦到的事情，沈善寶也常在詩中表達自己非男兒身的遺憾：「我思覓吳鉤，願學趙娥技。左揸讎人胸，右抉讒人齒。自恨若草質，不擲非男子。」（《述哀》）報仇之事無能為力，生存問題更是迫在眉睫。身為長女，年僅十二歲的沈善寶自覺承擔起了養活一家八口的重任。丁申、丁丙所編的《國朝杭郡詩三輯》中介紹沈善寶：「恭人為韻秋州倅之女，州倅沒於西江，宦囊如洗，恭人才垂髻，日勤翰墨，不數年，求詩畫者踵至，因以潤筆所入奉母課弟，且葬本支三世及族屬數槽，遠近皆稱其孝且賢。」這可以看做是對沈善寶少女生活的最好寫照。如上所言，沈善寶憑藉著自己的才華，徘徊奔走於江浙、兩淮之間，靠賣文鬻畫來維持家計。少女時代的她便嘗盡了顛沛流離的苦楚，也常以詩文自述，例如《別家》：「百拜辭高堂，遠棹袁江水。不擲愧非男，跋涉求甘脂。豈矜書畫能，勢處不得已。聊分白髮懷，瓶罄維罍恥。」《自傷》：「敢矜筆墨作生涯，菽水難謀事可嗟。椿樹無陰留几席，荊枝半誤是煙花。沖寒遠踏三齊雪，破浪危乘八月槎。負米歸來親棄養，傷心血淚染衰麻。」用沈善寶自己的概括便是：「全家落魄貧兼病，十載傷心春復秋。」

〔註38〕 轟欣晗：《清代女詩家沈善寶研究》，暨南大學碩士學位論文，2005年。

〔註39〕 〔清〕沈善寶：《鴻雪樓詩選初集》卷一，清道光刻本，第7頁。（以下所引版本俱同）

〔註40〕 〔清〕沈善寶：《鴻雪樓詩選初集》卷一，第8頁。

(《李雲舫先生在清江見拙集，題詩寄贈，依韻奉答》)

沈善寶不僅要維持家計，贍養母親，還要擔負起照顧兄弟的重任。沈母卒於 1832 年，當時沈善寶 25 歲，二兄三弟也已經長大成人，沈善寶本該卸下照顧一家老小的重負。但是沒有史料記載沈善寶的兄弟曾經爲其家族做出過貢獻，而更多的是沈善寶詩歌中留露出的對兄弟深深的失望之情：「縱不慕遠大，勿遺父母恫。奈何事游蕩，花柳迷厥衷。廢時而失業，萬事水東流。」(《誡琴舫弟》)沈善寶特殊的社會角色以及對性別意識的敏感，增強了她作爲一個女性在男性社會中的價值感。這種對自身的價值的極大認可，在一定程度上加深了她對才名的追求。

憑藉著自己幼年好學積累的才華，心懷一顆不輸於男兒的鬥志，沈善寶不僅養活了整個家庭，還爲自己博得了贊名。同時代上人李世治曾評價她：「吐屬風雅，學問淵博，與之談天下事，衡量古今人物，議論悉中窾要。」並感慨「於閨閣中得遇此奇偉之才」〔註 41〕。如果說少年時期的壯志是對自己懵懂的期許，那麼經歷了長時間的顛沛流離，沈善寶獲得了同時代女性甚至男性文人的贊許和認可，這更加激發了她對才名的追求。二十一歲時，沈善寶所寫《渡黃河》：「我欲乘槎遊碧落，不愁無路問銀潢。放開眼界山川小，附於文章筆墨狂。」頗有易安居士「九萬里風鵬正舉。風休住，蓬舟吹取三山去」(《漁家傲》)的氣魄。

明清兩代傳統婦女觀念依然濃厚，但已經有越來越多的女性文人登上歷史舞臺。儒家所謂「三不朽」，即「立德、立功、立言」也成爲女性文人的追求。更有葉紹袁提出女子「三不朽」的觀念，將對女性才情的重視提高到與德行並行的高度。正是在這種文化環境的影響下，沈善寶之類的女性文人越來越多地憑藉著自身的努力躋身於文壇，著書立說，渴望不朽。這可以說是沈善寶才名觀念的一個極端表現。她一生著述頗豐，流傳下來的有《鴻雪樓詩選初集》、《鴻雪樓詞》和《名媛詩話》。如果說前兩部詩詞集主要是沈善寶豐富情感的抒發，那後一部詩話則是她的集大成之作，也奠定了她在道、咸年間女性文壇的盟主地位。

與沈善寶相比，王照圓的經歷顯得較爲平淡，也正因此，王照圓的才名觀念雖然也伴隨著年齡的增長而變得強烈，但卻未能達到沈善寶的境地。

〔註41〕　〔清〕李世治：《鴻雪樓初集序》，《鴻雪樓詩集初選》卷首《序》三，第 1 頁。

　　王照圓在《讀孝節錄》中自述「六歲而孤」，對父親王錫瑋的介紹少之又少。父親去世後，王照圓的生活也並未發生過重大改變。她的詩歌中也未見有對生活困苦的傾訴。總之，王照圓雖然也是早年喪父，但並沒有沈善寶那般坎坷的經歷，沒有承擔過那般沉重的責任，因而對於家庭沒有十分深刻的責任意識。況且王照圓二十九歲時，王母過世，照圓「終鮮兄弟，孑身一人」，也並沒有像沈善寶那樣，還要承擔起照顧家人的重任。雖然她也「自恨爲女，縲縶於人，義又不得以身殉親也。當此之時，痛徹於心，每至昏厥。如是三年，迺復更生，夫眾生孰無父母，而受恩莫如余深。男兒尚有寸報，而負罪莫如余深，茫茫百感不可爲懷。」〔註42〕但這一切都源於對父母恩德的感謝與懷念，自恨不爲男子，無法在父母面前盡孝。整體上看，王照圓的少女時代相對於顛沛流離的沈善寶來說，是十分美好的。蓋源於此，王照圓的才名觀念一直受到正面因素的影響。母親的諄諄教誨，老師的殷勤培育，都使照圓對生活充滿了感恩。王母對王照圓的教育非常嚴格，王照圓《聽松樓詩稿跋》中自敘：「先慈林太安人，恒督課之，讀至夜分，不中程，不得息，蓋廿餘年如一日。」〔註43〕「王照圓的母親對她的期望是要她在學問上有所成就，從爲照圓夫婦『致名師講習』的行爲中可以得到證實，所以『富於著述，其書滿家，海內稟仰』是王母對照圓的期望。」〔註44〕如果說沈善寶的才名觀念的日趨濃烈主要來源於對生活艱難的無奈，對命運多舛的憤慨，那麼王照圓則是源於對父母，尤其是母親的感恩回報，是爲了達到父母和老師的期許而不斷努力的結果。正是這種原始動力的不同，導致了她們面對才名表現出來的不同反應。二人都渴望才名，都有自恨不爲男兒身的遺憾。沈善寶的好友，清代著名女詩人顧春有《哭湘佩三妹》一詩云：「平生心性多豪放，辜負雄才是女身。」沈善寶自己也有詩句表達她在男權社會中所感受到的不公，「投筆請纓空有願，安能巾幗覓封侯」（《李雲舫先生在清江見拙集，題詩寄贈，依韻奉答》）、「一腔熱血半磨滅，姓名不上黃金臺」（《送窮》）。王照圓對自己也有很高的期許，也有「君須孝也也須衷，女子顯揚男子同。吐氣九霄光日

〔註42〕　韓寓群主編：《山東文獻集成》第二輯第 48 冊，王照圓《曬書堂閨中文存》，第 643 頁。

〔註43〕　韓寓群主編：《山東文獻集成》第二輯第 48 冊，王照圓《曬書堂閨中文存》，第 646 頁。

〔註44〕　宋清秀：《清代山東才女文化的地域性特點》，《浙江師範大學學報（社會科學版）》，2005 年第 4 期。

月，裙釵端的是英雄」（《偶題》）這樣的詩句。但仔細分析可以看出，沈善寶
對才名的追求一方面來源於對實現自身價值的渴望，更多的帶有誓與不公平
的社會等級制度相抗衡的意味。由此帶來的是一種因焦慮轉化而來的悲憤。
但照圓則完全出於對自我價值實現的渴望。她在《聽松樓詩稿跋》中將自己
與陳恭人（陳爾士）相比較，總結了自己的六點缺憾：

> 伏念恭人，乃自髫鬌未嘗離卷軸，心竊慕焉。自愧弗如一也；
> 恭人生長華胄，日嬪鼎貴而無驕倨習焉，日有孳孳不異寒門，余弗
> 如二也；……恭人《述訓》、《述略》諸篇，揚先德之餘烈，媲徽音
> 於周詩，蓋自班惠姬以來，乃今復睹雅裁焉。余以幼孤，追感先慈
> 苦節勤劬，亦嘗有所撰述，每恨詞不稱意，則弗如三也；……恭人
> 本風人之敦厚，擷禮經之華腴，通淹雅，皆可以垂閫範，樹典型，
> 余愧弗如四也；……余於子女有慈無威，不能勤如誘導，俾以有
> 成。……余所弗如五也；謝才媛詠絮，劉娘銘椒，才有新詞，流芳
> 繡悅。余過春秋佳日，未嘗不流連風景，舒寫性情，靡墬甄錄，旋
> 亦零落無存。伏讀古今諸體及詩餘各首，清英令淑，篇詠之處，如
> 見其人，余所弗如六也。〔註45〕

王照圓分別從好學、品德、著作、作品風格、教育子女和才華六個方面總結
了自己的缺陷，其中留露出的是對自身才華的更多期許。她的理想是成為一
個有才華的人，一個真正的學者，而不是一個熱衷於吟詠風花雪月的文人。

　　生活的境遇不同，所受教育觀念的不同，對才名追求的目的不同，造成
了二人相似卻不相同的才名觀念。這是生活經歷在個人觀念中的反應。

三、角色轉換與性別意識的不同

　　沈善寶與王照圓都出身名門，但承擔的閨中角色卻截然不同。正如王力
堅在《清代才女沈善寶的家庭性別角色》一文中所說：「沈父因奸人所害死於
非命，沈善寶憤懣縈懷既欲為父報仇申冤又面臨承擔家庭重任，卻因是女兒
身而備感無奈。這種『為人女』角色的困境使她萌發了強烈的性別遺恨意識，
在其日後詩作中不時出現這種意識。這種性別遺恨意識以及這樣忽如其來的
困境，致使沈善寶自覺或不自覺地擺脫了『為人女』的身份限制，走出家門，

〔註45〕 韓寓群主編：《山東文獻集成》第二輯第 48 冊，王照圓《曬書堂閨中文存》，
　　　　第 646 頁。

克服性別弱勢給她帶來的種種困難，一肩扛起奉母養家的重任。」〔註46〕沈善寶的詩中常常表達自己非男兒身的憤恨和她在男權社會中所感受到的不公，如《李雲舫先生在清江見拙集，題詩寄贈，依韻奉答》云：「投筆請纓空有願，安能巾幗覓封侯」，又如《送窮》云：「一腔熱血半消滅，姓名不上黃金臺。」兄弟的碌碌無為更加深了沈善寶對性別問題的思考。這種家庭角色的轉換，以及由此而生的性別意識，對沈善寶日後的生活產生了重大影響。王照圓雖早年失怙，但在母親林孺人的悉心照顧下依然過著大家閨秀的生活，所以出嫁前始終扮演著「為人女」的角色。雖然她也曾感歎：「自恨為女，纓擊於人，義又不得以身殉親也，男兒尚有寸報，而負罪莫如余深，茫茫百感不可為懷。」〔註47〕但其旨歸多在對父母的感恩。此外，王照圓「終鮮兄弟，孑身一人」，這一切使得王照圓沒有沈善寶那般明顯的性別意識。

儒家傳統對婦女的要求以「三從四德」最據概括性，即在家從父，出嫁從夫，夫死從子，而出嫁為人婦是婦女一生中至關重要的轉折點。角色的轉換意味著責任的轉換。出嫁後的閨秀不再是可以隨意吟風弄月的少女，受到「夫為妻綱」、「夫尊妻卑」的傳統觀念的束縛。按照傳統規範對女性的要求，出嫁後的女子必須遵守婦德，學習操持家務。即如《女誡》中所云：「專心紡績，不好戲笑，潔齊酒食，以奉賓客：是謂婦功。」這種例子在古代歷史上不乏少數。沈善寶的母親便是如此，她也曾是一位才華橫溢、出類拔萃的才女，但于歸後，不得不在禮節和家庭瑣事的雙重束縛下任憑才情被一點點淹沒，「因先嚴見背，家務紛紜，無意為詩，故存者不及百首」。正因為此，她將自己的才學傳授於沈善寶，期望她成為一個有才華的女子。沈善寶沒有辜負母親的期望，出嫁後依然飽含激情，沒有被家庭瑣事所淹沒。

根據《名媛詩話》卷七介紹，沈母死後，沈善寶經由寄母李太夫人作主，於道光十八年（1838）歸於武淩雲。是年，沈善寶二十七歲。武淩雲，字寅齋，又作吟齋，安徽來安人，道光十六年（1836）進士，歷任禮部主事、吏部郎中、山西朔平府知府。雖然沈善寶在《名媛詩話》也一再唱歎才媛于歸後受家務牽累而才氣萎頹，「自從洗手作羹湯，無意馳名翰墨場」（《陳雲伯大

〔註46〕 王力堅：《清代才女沈善寶的家庭性別角色》，《深圳大學學報（人文社會科學版）》，2008年9月。

〔註47〕 韓寓群主編：《山東文獻集成》第二輯第48冊，王照圓《曬書堂閨中文存》，第643頁。

令文述以各著作見示索題》其八），但事實上沈善寶並沒有和大多數女性一樣聽從「既嫁從夫」的宿命，反而在其《鴻雪樓詩初集》（卷五至十五）中，收錄了不少與夫婿互動的詩作，全面反映了二人在情感與文學兩方面和諧美滿的生活。如道光十九年（1839），即沈善寶于歸武氏次年，便有《和外子見懷原韻》；道光二十年（1840），有《秋夜聽雨呈外》；道光二十三年（1843）夏，因窗前所植一叢細竹忽發新筍五枝，夫妻唱和；道光二十四年（1844），夫妻作《夏夜聯句》；道光二十六年（1846）夏，夫妻再次月夜聯句；道光二十七年（1847）中秋，接武淩雲信，沈善寶回函作詩稱「離懷怕見月團圓」；道光二十八年（1848），夫妻唱和之作更多達十九首，成爲這一年沈善寶詩歌創作的重心。〔註48〕

　　正是這種夫妻唱和、較爲寬鬆，沒有太多家庭束縛的婚姻生活，使得沈善寶雖做「他人婦」，卻依然可以縱情施展自己的才情，成爲一個名符其實的「才子婦」〔註49〕。早年的艱難經歷所萌生的對性別問題的思考和對才名的強烈追求，因婚姻生活的美滿而得到進一步的延續。從一些唱和的詩當中可以看出，沈善寶在婚姻生活中的角色不僅僅是與男性平等，還時常顯示出高於男性的強勢姿態，而武淩雲性情溫和，似乎處處由沈善寶主導而呈現出應和、柔順之情狀。例如同樣是詠竹，沈善寶延續了她早年「待到干霄日，人皆仰面看」（《新筍》）的寫作風格，于歸後依然有「清絕階前竹幾枝，吟窗月對碧參差。此君自抱干霄志，風雨低頭只暫時」（《雨窗偶發》）的壯言。相比之下，武淩雲的應和之作就顯得溫婉而柔順，「欲繪含苞膩粉竿，嬌黃淺碧畫難安。一輪明月侵書幾，萬個橫窗仔細看。」（《夫子和作》其一）、「密筱連雲綠萬竿，禪參玉版憶臨安。軟紅喜見娟娟影，也似佳人空谷看」（其二）。細緻綿密的手法，清幽陰柔的意象，與沈善寶的豪氣衝天、氣宇軒昂形成對比，透出對夫人的款款深情。

　　從小便自命不凡，對自己有甚高期許的沈善寶，因爲婚姻的美滿，較少的家庭束縛而擁有了更多的自信，隨之而來的是對才名更加執著的追求。「和鳴鴛侶喜知音」（《四十初度口占》），這一種夫妻唱和的生活狀態，更加激發了沈善寶對實現更高自我價值的渴望。「這段時期，也正是沈善寶

〔註48〕　王力堅：《清代才女沈善寶的家庭性別角色》，《深圳大學學報（人文社會科學版）》，2008 年 9 月。
〔註49〕　「修到人間才子婦，不辭清瘦似梅花」，見《名媛詩話》卷五。

進入京都才媛圈，展開繼錢塘之後的第二個創作高潮，『伉儷還兼翰墨緣』（《歸家贈外子》）的婚姻，應使她在京都才媛圈的文學創作活動如虎添翼。」〔註50〕

　　王照圓的婚姻生活也可以用「琴瑟和鳴」來形容。王照圓在母親的操辦下，於乾隆五十二年歸於棲霞郝懿行，是年，照圓二十五歲，與沈善寶成婚年紀相仿。郝懿行（1757～1825），字恂九，號蘭皋，山東棲霞人。清嘉慶四年進士，官戶部主事，清代著名經學家、訓詁學家，長於名無訓詁及考證之學，著述頗豐。王照圓與郝懿行的結合可謂是「千里良緣彩線牽」，在清朝乾嘉學者中流傳有「高郵王父子，棲霞好夫婦」的美譽。二人志同道合，平日裏常以詩文唱和，夫妻生活既和諧又充滿情趣。二人婚後便以詩唱和，《和鳴集》中收錄《催莊》詩各一首，《卻扇》詩各兩首，《關關雎鳩》、《河鯉登龍門》、《邦家之光》、《飛鴻鄉遠音》各一首。郝懿行自記：「丁未嘉平良夜月明，挑燈閒話，瑞玉拈此四題，限酒熱詩成，自慚鈍拙，僅完二首遂叩佳釀，其後二首，異日方足成之，視詩淋漓，尚待酒氣也，他日瑞玉乃屬和焉。」〔註51〕由此可見，郝懿行對王照圓的才華十分讚賞，而王照圓婚後雖然也過起了「為人婦」的生活，但沒有失掉從前的才情。與沈善寶相似，王照圓也憑藉著自己的才華在婚姻生活中獲得了平等甚至被人欽慕的地位。郝懿行的性格同武淩雲頗相似，史料記載他「謙退吶若不出口」、「遇非素知音，相對竟日無一語」〔註52〕。婚後郝懿行還曾作《花燭詞次韻趙桐陽詩六首》，其第五首云：「得失存心祇自知，文章憎命我終疑。來年同覓月中桂，各向蟾宮這一枝。」自注云：「僕既駑鈍，頗為閨中口實，故相激發，期雪斯言。」〔註53〕可見，王照圓與郝懿行互相唱和的生活，不僅增添了生活的情趣，還激勵各自的學問不斷精進。

　　正是在這種和諧的婚姻生活中，王照圓的才情得到了更大的發揮，超出了一般才媛吟詠閨房兒女私情的狹小範圍，立志做一名學者。她夫妻二人把

〔註50〕　王力堅：《清代才女沈善寶的家庭性別角色》，《深圳大學學報（人文社會科學版）》，2008 年 9 月。

〔註51〕　韓寓群主編：《山東文獻集成》第二輯第 49 冊，郝懿行、王照圓《和鳴集》，第 69 頁。

〔註52〕　〔民國〕趙爾巽等：《清史稿》卷四八二，第 13245 頁。

〔註53〕　韓寓群主編：《山東文獻集成》第二輯第 47 冊，郝懿行《曬書堂詩鈔》，第 46 頁。

平日唱和的詩彙刊成《和鳴集》一卷，照圓還在郝懿行「考訂篇籍，日月浸尋，著述等身」的影響下，將二十餘年前草草而成的《葩經小記》，「聊以補其成書」。郝懿行以夫婦閒居答問之語合著爲《詩問》一書，在當時亦藝林佳話。王照圓所著《葩經小記》有敘無書，其思想多編入二人共同研究《詩經》的著作《詩問》、《詩說》中。王照圓在《列仙傳校正序》中說道：「余以從事《列女傳》，頗涉觀覽。可恨俗本多失其眞，因傍搜唐以來類部及注家所援，以校今本，大有徑庭，復從道藏本，得其梗概，略加訂正，初具本末。」〔註54〕《列女傳補注》的成書也得到了郝懿行的諸多幫助。可以說，在郝懿行的鼓舞和幫助下，王照圓的學問得到了很大的進步。她的學識和才華，也在郝懿行的學術研究中發揮了很大作用，郝懿行的著作中多有「宗照圓說」的字樣。總之，王照圓與郝懿行亦師亦友，相互鼓勵，即使到了晚午依然探討不止：「（郝懿行）自道其治經之難，漏下四鼓四十年，常與老妻爇香對坐，參正異同得失，論不合輒反目不止。」（陳奐《爾雅義疏跋》）相敬如賓、亦師亦友的婚姻生活，給了王照圓人生中第二個施展才華的機會，使得她的人生沒有因爲嫁爲人婦而失去本來的光彩，反而更加奪目。王照圓也是名副其實的「才子婦」。

　　雖然與沈善寶有著相似的婚姻經歷，但王照圓的思想依然趨於傳統。沈善寶對性別問題的獨特思考，對自我價值的極高肯定，使得她在婚姻生活中居高而自傲，而王照圓雖然才情不遜於郝懿行，但才名觀念沒有沈善寶那般強烈。沈善寶到了中年，依然懷揣與男子爭名的抱負，這點表現在她廣結文人，結社結群，而王照圓則安心做一位「校書女」，她對學問的追求更多地是爲了實現自我價值，而不是期冀別人的更多肯定。

　　沈善寶與王照圓經歷了「爲人女」、「爲人婦」之後，也順利地進入了「爲人母」的階段。這一階段中，王、沈二人不論是作爲生母還是繼母（筆者注：王、沈二人皆是繼室）都履行了一個母親的職責。對子女的慈愛和不辭辛勞的教誨，使得她們身上的才華再一次得到釋放，並通過自己的子女得以流傳。這是一種對自己才能得以延續的渴望，同時也是才名觀念的一種反映。

〔註54〕韓寓群主編：《山東文獻集成》第一輯第 10 冊，王照圓《列仙傳校正》，第 537 ～538 頁。

四、結　語

在男權社會統治之下，清代才女努力在文學創作領域中尋求一席之位，用詩歌詞賦抒寫著「恨爲女兒身」和「生不逢時」、「懷才不遇」的憤慨。沈善寶與王照圓皆爲清代著名才女，她們早年都受到了良好的家庭教育，使得她二人萌發了對才名的追求。日後相似的「爲人婦」、「爲人母」的社會角色，也使得她二人在「才名」追求方面表現出了諸多相似。但沈善寶因爲飽受生活之苦，對社會的不公有著更強烈的體驗，因而表現出「怒髮衝冠」式的憤慨，而王照圓因爲生活的平坦和母親的細心呵護與栽培，心中更多的是一種實現抱負的渴望。生活經歷的變化帶來了追求動力的不同，也影響了她二人才名觀念的發展。沈善寶因爲經歷坎坷，對於性別問題有著更深刻的思考，這使得她對「才名」的追求近乎癡迷，而自信過高伴隨而來的是對「才名」的焦慮。與之相比，王照圓心中更多的是對才情不受束縛，得以自由抒發的一種快慰，她追求的「才名」更多地源於對自我的肯定。沈、王二人的對「才名」的追求，同中有異，在一定意義上，代表了清代女性文人面對「才名」的兩種心態。

二人才名觀念的差別，必定不是早期家庭、婚姻生活等便足以解釋，還包括很多其他因素，例如二人一生中的交遊情況。沈善寶的隨官行宦與文學交遊情況，歷來受到研究者的關注。「作爲江南才媛隨宦北地，沈善寶既與京師才媛積極交往，也仍然保持著與江南才媛的密切關係，體現了勾連起南北兩地才媛詩群、交融南北才媛文學、文化的意義，表明道咸年間的才媛進一步獲得了較大活動空間。」〔註55〕王照圓因爲郝懿行的關係，與同時代著名學者臧庸、馬瑞辰等人的交遊，亦在研究之列。筆者搜集材料有限，論述也較爲簡單，還有待進一步深入研究。

3. 王照圓《列女傳補注》與梁端《列女傳校注》比較分析

清代校注《列女傳》的女性學者有三大家，即王照圓、梁端和蕭道管。其中王照圓與梁端生活的時代較爲接近，且有相似的家庭背景和生活經歷。梁啓超《中國近三百年學術史》云：「劉向《列女傳》爲現存最古之傳記書，清代爲之注者有王照圓（郝懿行妻）、梁端（汪遠孫妻）兩家，而王石渠、伯

〔註55〕王力堅：《錢塘才媛沈善寶的隨宦行跡與文學交遊》，《浙江大學學報（人文社會科學版）》，2009 年 5 月。

申父子及王南陔亦各有校條。」〔註56〕《清史稿・列女傳》亦緣此合二人之傳爲一條。李慈銘《越縵堂讀書記》敘錄並比較二家之注，贊曰：「閨房之秀，南北並出，此前古所無也。」〔註57〕徐興無認爲：「今日以歷史的眼觀作客觀的分析，二家之注，一則可觀中國女性學者研究女性歷史和女性傳記文學的傳統；二則可觀清代學術活動中的性別角色，；三則可觀中國最早的女性史在清代兩次學術整理及其各自的特色。」〔註58〕徐氏之言道出了王、梁二人校注《列女傳》的成果在當代的研究價值。

　　因爲王照圓與梁端同生活於嘉道年間，不僅在生活經歷上有相似之處，在學術研究上也存在著一定的淵源。本文擬在簡略介紹二人著述的成書過程的基礎上，比較二人所注《列女傳》的學術特色，以期通過比較加深學者對王照圓《列女傳補注》的學術框架的理解。

一、成書過程

　　梁端，字無非，浙江錢塘人、清代著名學者梁玉繩〔註59〕長孫女，錢塘汪遠孫〔註60〕室。梁端自幼沉靜，寡言笑，深受伯兄喜愛。她於嘉慶十六年（1811）歸於汪遠孫，道光四年（1825）因難產而死。據劉錦藻《清朝續文獻通考》載，梁端嘗從其祖父梁玉繩受《列女傳》，讀而善之，遂據元和顧之逵所刊建安余氏本，而以《史記》、《漢書》、《說文》、《文選注》及《太平御覽》、《藝文類聚》、《初學記》等書「考證異同，斟補缺漏，復劉氏之舊厥，功甚偉」〔註61〕。梁端卒時，校注《列女傳》一事並未卒業，十年後汪遠孫「懼是書之終無善本，而端之名與身沒也」（汪遠孫《列女傳校注序》）〔註62〕，

〔註56〕〔民國〕梁啓超：《中國近三百年學術史》，北京：東方出版社，1996年版，第294頁。（以下所引版本俱同）

〔註57〕〔清〕李慈銘：《越縵堂讀書記》，第423～425頁。

〔註58〕徐興無：《清代王照圓〈列女傳補注〉與梁端〈列女傳校讀本〉》，第916頁。

〔註59〕梁玉繩（1754～1819），清代著名學者，字曜北，號諫庵，別號清白士，浙江錢塘人。著有《瞥記》七卷，《呂子校補》二卷，《誌銘廣例》二卷，《元號略》四卷，《蛻稿》四卷，後由其子並《人表考》彙刊爲《清白士集》。

〔註60〕汪遠孫（1794～1835），清代著名官吏、學者。字久也，號小米，又號借閒漫士，浙江錢塘人。著《詩考補遺》，《漢書地理志校勘記》，《三家詩考證》、《借閒生詩詞》、《世本集證》等。

〔註61〕〔清〕劉錦藻：《清朝續文獻通考》卷二六四《經籍考》，《續修四庫全書》本，史部第819冊，第221頁。

〔註62〕〔漢〕劉向著，〔清〕梁端校注：《校注列女傳》，臺北：廣文書局，1979年版（序文部份）。（以下所引版本俱同）

遂於道光十三年（1833）爲之整理成書並刊行，「垂爲家範，以永其傳」（梁玉繩《列女傳校注序》）〔註63〕，可謂用心良苦。其書有道光十三年（1833）錢塘汪氏振綺堂刻本〔註64〕，前有汪遠孫和梁德繩女史序及曾鞏、王回舊序。又有同治十三年（1874）重印本〔註65〕，由汪遠孫之侄汪曾本補刻，末有曾本跋。

關於梁端所撰之書的名字，清代以來學者所載各有不同，有的並未言其書名，蓋梁端生前此書並未定名，卒後由丈夫汪遠孫整理後定名刊行。如清代錢泰吉《曝書雜記》載梁端校注《列女傳》〔註66〕，又《甘泉鄉人稿》中復言梁端校注《列女傳》一事〔註67〕，蓋錢氏與汪遠孫爲同時代好友，是時梁端之書並未定名；民國時期劉錦藻《清朝續文獻通考》載梁端著《列女傳校注》八卷〔註68〕，楊鍾羲《學橋詩話》載梁端著有《列女傳校注》〔註69〕，趙爾巽《清史稿》載梁端著《列女傳集注》八卷〔註70〕，中華書局1920～1936年陸續編輯排印的《四庫備要》也載爲《列女傳校注》八卷；當代著名學者胡文楷《歷代婦女著作考》中載梁端著有《列女傳校注讀本》八卷〔註71〕，

〔註63〕 〔漢〕劉向著，〔清〕梁端校注：《校注列女傳》（序文部份）。

〔註64〕 據徐興無《清代王照圓〈列女傳補注〉與梁端〈列女傳校讀本〉》所考：胡文楷《歷代婦女著作考》誤以爲道光十一年辛卯（1831）刊，汪遠孫《列女傳校注序》撰於道光十三年癸巳（1833），云梁端卒於道光四年乙酉（1825），十年後將其遺稿整理成書，可知此書最早刊於道光十三年癸巳。詳見張宏生主編《明清文學與性別研究》，第931頁。

〔註65〕 同治十三年本爲汪遠孫之侄汪曾本補刻，其《跋》云：「咸豐間粵寇之亂，振綺堂藏書散失殆盡，惟各書版僅有存者。此書之版佚去幾半。今夏寓書家弟（曾學），檢視殘闕，爲補刻於粵東，復從番禺陳蘭甫（陳澧，字蘭甫。1810～1882）學錄假得揚州文選樓阮氏畫像本對校一過。」參考徐興無《清代王照圓〈列女傳補注〉與梁端〈列女傳校讀本〉》，詳見張宏生主編《明清文學與性別研究》，第931頁。

〔註66〕 〔清〕錢泰吉：《曝書雜記》，《叢書集成初編》本，北京：中華書局，1985年版，第9頁。

〔註67〕 〔清〕錢泰吉：《甘泉鄉人稿》卷七，《續修四庫全書》本，集部第1519冊，第307頁。

〔註68〕 〔清〕劉錦藻：《清朝續文獻通考》卷二六四《經籍考》，《續修四庫全書》本，史部第819冊，第221頁。

〔註69〕 〔民國〕楊鍾羲著，劉承幹參校：《雪橋詩話》卷十一，北京：北京古籍出版社，1989年版，第513頁。

〔註70〕 〔民國〕趙爾巽等：《清史稿》卷一四六《志》一二一，第4283頁。

〔註71〕 胡文楷：《歷代婦女著作考》，第544頁。

徐興無《清代王照圓〈列女傳補注〉與梁端〈列女傳校讀本〉》則載爲《列女傳校讀本》。此外，武黯黯《〈列女傳〉版本述略》、趙倩《列女傳校注》等論文也均轉載爲《列女傳校注》。經考梁端所做的努力，以校正爲主，兼訓詁名物，可知《列女傳校注》（以下簡稱《校注》）作爲書名更具合理性。

如前所述，王照圓《列女傳補注》出自母教，後在夫婦二人共同的努力下撰寫成書，書成後由郝懿行轉贈好友，或校勘，或作序，《補注》可以說是家學、夫學、眾家之學綜合努力下的成果。與王照圓《補注》的成書過程相似，梁端《校注》也源自於家學，受其祖父梁玉繩影響頗深，歸於汪遠孫後深受其夫校勘研究思想的影響，而且梁端在撰寫《校注》過程中廣徵群書，博采眾說。二家所著之書的成書過程頗爲相似，本文將從以上三個方面簡要述之。

（一）家學傳統

王照圓《列女傳補注》的寫作目的是爲了完成母親的遺願，其撰寫過程受其母親思想影響極深。與之略有不同的是，梁端撰寫《列女傳校注》的初衷是心嚮往之，主動爲之。汪遠孫《列女傳校注序》云：「室人梁端，幼從其大父清白翁受是書（筆者注：即《列女傳》），略同大義。時元和顧之逵重刊餘本，復爲審定。端輒臚其同異，退而筆之。翁見之，哂曰：『汝欲爲班（昭）、趙（母）之業耶？』遂益爲之折衷。端讀書確明義例，淵源有自也。」〔註72〕可知梁端之學受之於祖父——清代著名學者梁玉繩之傳。梁玉繩之妹梁德繩也爲其《校注》作序，云：「《關雎》爲風始，《易》、《家人》卦、《彖辭》曰：『利女貞化，起於閨門。此漢劉子政《列女傳》八篇所由昉也。班昭、馬融輩爲之注，蓋此《傳》爲風化之原，誠鄭重之也，余伯兄曜北置之案頭，以備觀覽。暇時爲姑姊妹講說。侄孫女端，伯兄長孫女，汪遠孫孝廉之室也。自幼沉靜寡言笑，伯兄篤愛之，名之曰端。少長，教之讀，能通大義。時竊覘父書，尤好此傳（《列女傳》），伯兄謂曰：『汝亦好此乎？』爲之講解，輒能領悟。余亦得與聞緒論或舉古人評騭之深相契，然用心之專一，餘萬不及端。」〔註73〕《清史稿·列女傳》載曰：「元和顧之逵校刻《列女傳》，玉繩爲審定，端則臚其異同，退而筆之，玉繩爲之折衷。」〔註74〕李慈銘《越縵堂讀書記》載曰：「梁氏承其祖清白翁之傳。」〔註75〕

〔註72〕〔漢〕劉向著，〔清〕梁端校注：《校注列女傳》（序文部份）。
〔註73〕〔漢〕劉向著，〔清〕梁端校注：《校注列女傳》（序文部份）。
〔註74〕〔民國〕趙爾巽等：《清史稿》卷五〇八，第14052頁。
〔註75〕〔清〕李慈銘：《越縵堂讀書記》，第424頁。

　　嘉慶五年（1800）錢塘梁氏刊《清白士集》卷十八至二十四爲《瞥記》
七卷，其中有《列女傳補勘》共二百九十條。據梁氏序文所言：「劉氏《列女
傳》，向與孫頤谷侍御、仲弟處素據明張溥翻宋本粗校過，欲再加搜討，刻入
《抱經堂群書拾補》中，因循未果。今抱經老人（筆者注：即盧文弨）及仲
弟相繼下世，余與頤谷意致所然，無心卒業。適元和顧之逵氏重鐫是書，其
季廣圻作考證，附卷末，多與余輩向校全。遂取顧本參對，剪其繁複，只就
所未及者條錄於此，以補涓銖云爾，附盧學士（文弨）校語。」〔註76〕由此
可知梁玉繩校《列女傳》本與顧之逵所刻無關，後顧刻出，梁氏複審閱編定
而成《列女傳補勘》。〔註77〕梁端《列女傳校注》中引梁玉繩之說（即大父曰）
共計五條，而經核查，《母儀傳·鄒孟軻母》所引不見於《瞥記》，可知梁端
《校注》中尚有《梁玉繩《列女傳補勘》編定之前的內容。總而言之，儘管
也有對王氏之說的借鑒〔註78〕，但梁氏之注淵源有自，可謂自成一家。李慈
銘所云「二家南北並出」，並非妄言。

　　（二）夫學影響

　　郝懿行與王照圓夫婦二人在學術研究上相互切磋，時有「一家兩先生」〔註
79〕的美名，王照圓所著《列女傳補注》中即引郝懿行之說（即夫子曰）12則
〔註80〕。郝懿行是清代著名的訓詁學大家，精通《爾雅》之學，這對王照圓
訓詁名物的補注工作產生了很大的幫助。如馬瑞辰《列女傳補注序》中所言：
「其詁意則讀應《爾雅》。」〔註81〕與王照圓的學術經歷相似，梁端歸於汪遠
孫後，二人在生活和學術研究中相互幫助，關係十分融洽。在《校注》的撰
寫過程中，梁氏「時與孝廉斟字句問，略加增損」（梁德繩《列女傳校注序》）
〔註82〕，又如汪遠孫《序》中所云：「刀尺之暇，恒手是編不置，每獲一義，

〔註76〕　〔漢〕劉向著，〔清〕梁端校注：《校注列女傳》（序文部份）。

〔註77〕　參見徐興無：《清代王照圓〈列女傳補注〉與梁端〈列女傳校讀本〉》，載於張
宏生主編《明清文學與性別研究》，第921頁。

〔註78〕　梁端《列女傳校注》引王照圓之說18則，此外還包括郝懿行之說2則，詳見
附錄九。李慈銘《越縵堂讀書記》認爲梁氏《列女傳校讀本》中「引郝氏懿
行及王安人說者僅三四處」，並不準確，詳見附錄表6。

〔註79〕　〔清〕臧庸：《拜經堂文集》卷二，《續修四庫全書》本，集部第1491冊，第
534頁。

〔註80〕　徐興無：《清代王照圓〈列女傳補注〉與梁端〈列女傳校讀本〉》誤記爲7則，
詳見附錄七。

〔註81〕　〔清〕王照圓著，虞思徵點校：《列女傳補注》，第6頁。

〔註82〕　〔漢〕劉向著，〔清〕梁端校注：《校注列女傳》（序文部份）。

輒共余商榷，余亦時舉所聞益之。」〔註83〕後樑端因難產而死，汪氏「痛絕十餘稔，不忍啓篋」（梁德繩《列女傳校注序》）〔註84〕，足見二人感情之深。

　　梁端《列女傳校注》中雖然沒有引用汪遠孫的觀點，汪遠孫也沒有對其進行過校正，但《校注》係汪氏整理而成，並爲之作序，可知《校注》的成書與流傳注入了汪氏很大的心血。其《序》云：「懼是書中終無善本而端之名與身沒也，遂更爲之整，比條分件，係三月而畢，前賢時彥，並載其說，題姓名以識之。」〔註85〕足見汪氏一片良苦用心。此外，汪氏是嘉、道年間著名的學者，尤以校勘之學聞明，梁啓超曾評價其曰：「校勘之學，爲清儒所特擅……而最專門名家者，莫如盧抱經（盧文弨）、顧澗蘋（廣圻）、黃蕘圃（丕烈），次則盧雅雨（見曾）……汪小米（遠孫）……」〔註86〕又稱讚其校注《國語》「已疏證無遺義」〔註87〕。由此可見汪氏校勘之學在清代學術史上的地位。而正如李慈銘所云，梁端《校注》比之王照圓《補注》，「疏證較詳，勘訂較密」〔註88〕，梁氏《校注》最用心之處便是校勘，正如徐興無所云：「凡《史記》之《正義》、《索隱》，前後《漢書》之注、《文選》注及《初學記》、《藝文類聚》、《太平御覽》、《渚宮舊事》等所引《列女傳》文與今本不同者，皆一一校出。」〔註89〕可以說，夫學對梁端校注《列女傳》產生了一定的影響力，其《列女傳校注》的成書與丈夫汪遠孫在校勘學上的興趣和成就有很大的關係。

（三）博採眾家

　　梁啓超《清代學術概論》有云：「清儒既不喜效宋明人聚徒講學，又非如今之歐美有種種學會學校爲聚集講習之所，則其交換知識之機會，自不免缺乏。其賴以補之者，則函箚也。後輩之謁先輩，率以問學書爲贄。——有著述者則賸以著述。——先輩視其可教者，必報書，釋其疑滯而獎進之。平輩亦然，每得一義，輒馳書其共學之友相切磋，答者未嘗不盡其詞。凡著一書

〔註83〕〔漢〕劉向著，〔清〕梁端校注：《校注列女傳》（序文部份）。
〔註84〕〔漢〕劉向著，〔清〕梁端校注：《校注列女傳》（序文部份）。
〔註85〕〔漢〕劉向著，〔清〕梁端校注：《校注列女傳》（序文部份）。
〔註86〕〔民國〕梁啓超：《中國近三百年學術史》，第277頁。
〔註87〕〔民國〕梁啓超：《中國近三百年學術史》，第289頁。
〔註88〕〔清〕李慈銘：《越縵堂讀書記》，第423～425頁。
〔註89〕參見徐興無：《清代王照圓〈列女傳補注〉與梁端〈列女傳校讀本〉》，第924頁。

成，必經摯友數輩嚴勘得失，乃以問世。」〔註90〕因為丈夫是當時著名的學者，與同時代學者多有學問上的來往切磋，王照圓與梁端不免與這些人相識。二人所著之作，可謂凝結了前賢時彥的結晶，博采眾家之長而成。但細比較之，也略有所不同。

如前所述王照圓的交遊考，王照圓因為郝懿行的關係，與同時期王念孫、孫星衍、臧庸、馬瑞辰等人在生活和學問上都有所往來，其《列女傳補注》成書之後，更由郝懿行轉贈諸多師友，他們或校勘，或作序，可謂一時之名碩皆參校輿論。梁啓超《中國近三百年學術史》云：「王世渠、伯申夫子及王南陔亦各有校條。」〔註91〕李慈銘《越縵堂讀書記》亦云：「洪筠軒、馬元伯諸君更相佐助，頗為精密。」〔註92〕其實遠不止這些人。《列女傳補注》附《校正》一卷，其中有臧庸7條，王念孫10條，王引之3條，馬瑞辰7條，胡承珙11條，洪頤煊4條，牟房13條，王紹蘭11條。據徐興無考證，該書刊行後，學界的校正工作並未停止，王筠〔註93〕曾對其進行過批校。民國時期，其遺稿曾經由王獻唐收藏，牟祥農分條輯出，名為《列女傳補注校錄》，刊於《山東省立圖書館季刊》第一輯第一期。〔註94〕足見學術界對王照圓《列女傳補注》的重視。

與王氏《補注》略有不同的是，梁端《列女傳校注》雖然也是博采眾家之說，但她只是將學者的觀點有選擇地加以引用和考辯，而並沒有與當時的很多學者有過如此廣泛的學術往來，也沒有學者為之著述進行過校勘。但是梁氏旁徵博引，其《校注》的完成也是凝聚了眾家的心血。其中主要包括三個方面：一是大父梁玉繩所採盧文弨的校記6條，與梁氏共校《列女傳》的孫志祖的校記4條；二是顧廣圻的《考證》，其中顧氏校記21條，段玉裁校記13條，黃丕烈校記1條；三是王照圓《列女傳補注》的觀點及其《校正》中所引的眾家之觀點，其中徵引王照圓之說（即王安人曰）18條，郝懿行2

〔註90〕 〔民國〕梁啓超：《清代學術概論‧儒家哲學》，天津：天津古籍出版社，2004年版，第58頁。
〔註91〕 〔民國〕梁啓超：《中國近三百年學術史》，第294頁。
〔註92〕 〔清〕李慈銘：《越縵堂讀書記》，第423～425頁。
〔註93〕 王筠（1784～1854），清代著名的語言學家、文學家。字貫山，號籙友，山東安丘人，輯《海岱史略》百四十卷。
〔註94〕 參見徐興無：《清代王照圓〈列女傳補注〉與梁端〈列女傳校讀本〉》，第925頁。

條〔註95〕，王念孫 3 條，馬瑞辰 1 條，洪頤煊 1 條，臧庸 1 條。此外，《校注》中還徵引了陳奐之說 7 條，陳善之說 1 條，嚴傑之說 1 條。由此可知，《校注》的完成是梁氏在眾家之說的基礎上參校勘訂的成果。

二、學術特色

王照圓《列女傳補注》與梁端《列女傳校正》在學術特色上各有千秋、各呈異彩。

（一）王氏重訓詁而梁氏重校勘

從書名上便可看出，王氏《補注》重視訓詁名物，側重於對《列女傳》原書中前人並未詮釋或者詮釋有疑義的地方作新的補充，可謂「詮釋名理」、「訂異參同」、「疏通疑義」。而儘管書中也有大量釋詞名物的內容，梁氏史重視對字詞釋義的考辯校勘。這是由於二人努力的方向不同所致。

王照圓在補注的過程中，對於有疑義之處，常常自斷己意，但她尊重原文，不擅加改動，即使通過徵引其他文獻而得到確切的證據，也常以「疑誤」、「蓋誤」、「疑有闕文」、「或」等字眼委婉表達自己的意見，這應當與她溫柔敦厚的儒家詩教觀念有莫大關係。如其注《賢明傳・楚老萊妻》「據其遺粒足以食也」一句曰：

《列仙傳》無「據」、「以」二字，此「據」疑「挶」字形誤。

挶，拾也。〔註96〕

再其注《節義傳・周主忠妾》「主大怒而笞之」一句曰：

「大」蓋「父」字之誤也。《類聚》、《初學記》俱引作「主父」。

〔註97〕

可知王照圓廣泛徵引其他文獻材料，但得出的結論往往含蓄，這想必也與她重在訓詁而非校勘有一定的關係。

與王照圓《補注》不同，梁端《校注》重在校勘，旨在考辯群書得出確切的結論是梁氏主要工作之一。在《校注》中，「校改」、「校刪」、「校增」、「校補」等字眼比比皆是，而且梁氏直接在原文的基礎上大膽改正，顯示出了非凡的魄力。但不管是哪一種改動，梁氏都經過了詳細的考辨，而非任意為之。

〔註95〕詳見附錄九。
〔註96〕〔清〕王照圓著，虞思徵點校：《列女傳補注》，第 89 頁。
〔註97〕〔清〕王照圓著，虞思徵點校：《列女傳補注》，第 214 頁。

在校改方面，如其注《母儀傳·湯妃有㜪》「湯妃有㜪，質（賢）行聰明」一句口：

> 質，舊誤賢，從《北堂書鈔·后妃部》三校改。〔註98〕

其注《周室三母》「大姜者王季之母，有臺（呂）氏之女」一句曰：

> 臺，舊誤呂，從《史記·周紀集解》、《藝文類聚·后妃部》、《太平御覽·皇親部》一校改，臺與邰同。〔註99〕

其注《賢明傳·魯黔婁妻》「先生在時，食不充虛」一句曰：

> 虛，舊誤口，從《文選》曹子建、張景陽雜詩注引校改，《陶徵士誄》注引《高士傳》同，《墨子·辭過篇》「食足以增氣補虛，《楚辭·惜誓》「吸沆瀣以充虛」，《抱朴子·日敘篇》「食不充虛」正用此文。〔註100〕

在校增方面，如其注《母儀傳·有虞二妃》「事瞽叟猶若（初）焉」一句曰：

> 初字，舊脫，從《太平御覽·皇親部》，一引校增。〔註101〕

其注《楚子發母》「子不聞越王句踐之伐吳（耶）」一句曰：

> 耶字舊脫，從《藝文類聚》、《太平御覽》校增，《渚宮舊事》作「歟」。〔註102〕

在校補方面，如其注《周室三母》「文王生而明聖，大任教之，以一而識百，（卒爲周宗）」曰：

> 「卒爲周宗」，四字舊脫，從《太平御覽》校補，司馬溫公家範「文王生而明聖，卒爲周宗」，本此。〔註103〕

在校刪方面，如其注《賢明傳·周宣姜后》「姜后脫簪珥，待罪於永巷，使其傳母通言於王曰：『妾不才。』」曰：

> 「妾」下舊衍「之」字，從《後漢書注》、《文選注》校刪。〔註104〕

其注《貞順傳·衛宗二順》「衛宗二順者，衛宗室靈王之夫人及其傳妾也」曰：

〔註98〕〔漢〕劉向著，〔清〕梁端校注：《校注列女傳》卷一，第3頁。
〔註99〕〔漢〕劉向著，〔清〕梁端校注：《校注列女傳》卷一，第3頁。
〔註100〕〔漢〕劉向著，〔清〕梁端校注：《校注列女傳》卷二，第7頁。
〔註101〕〔漢〕劉向著，〔清〕梁端校注：《校注列女傳》卷一，第2頁。
〔註102〕〔漢〕劉向著，〔清〕梁端校注：《校注列女傳》卷一，第8頁。
〔註103〕〔漢〕劉向著，〔清〕梁端校注：《校注列女傳》卷一，第4頁。
〔註104〕〔漢〕劉向著，〔清〕梁端校注：《校注列女傳》卷二，第1頁。

「及」上舊衍「而」字，從《太平御覽》人事部六十三校刪。
〔註105〕
梁端廣泛徵引《北堂書鈔》、《史記集解》、《太平御覽》、《文選注》、《抱朴子》、《渚宮舊事》等書中的記載，對《列女傳》一書的闕脫、增衍、誤倒等錯誤進行了大膽而細緻的校正，言之有理，持之有據，充分顯示出了非凡的校勘能力。

（二）王氏簡約而梁氏精博

　　王氏《補注》重訓詁和梁氏《校注》重校勘的學術特點在一定程度上決定了王氏之書的簡約和梁氏之書的精博。誠如臧庸《列女傳補注序》中所云：「詮釋名理，詞簡意洽；校正文字，精確不磨。」〔註106〕王氏訓詁、校勘文字多不詳注出處，常常自定一義而不轉引他證。而梁氏則斟酌眾家之說，詳細論述其出處。如同為訓詁，在注《賢明傳·宋鮑女宗》「一醮不改」時，王氏曰：

　　醮，以酒為禮也。〔註107〕

釋義十分簡略，而梁氏則曰：

　　醮與醮同，《說文》：「醮，飲酒盡也。」《士昏禮》：「贊洗爵，酌醮主人，主人拜受爵，婦亦如之。卒爵，皆拜，再醮如初。三醮用卺，亦如之。」卒爵曰醮，《禮記·郊特牲》：「一與之齊，終身不改。」注：「或齊為醮。」古音脂、幽二部聲近通借。〔註108〕

王梁二家在釋韻方面頗著筆力，但相較之，梁氏之注廣引各家之說，比王注更加詳備。如在注《母儀傳·棄母姜嫄》「履跡而孕，懼棄於野」一句時，王氏注曰：

　　「野」字失韻，蓋誤。〔註109〕

而梁氏則曰：

　　武進臧氏庸曰：野乃隘字之誤，詩「誕寘之隘巷」是也，隘與野俗音相近，一恤畢皆脂部，隘從益聲，屬支部。案：臧說是

〔註105〕〔漢〕劉向著，〔清〕梁端校注：《校注列女傳》卷四，第 6 頁。
〔註106〕〔清〕臧庸：《拜經堂文集》卷二，《續修四庫全書》本，集部第 1491 冊，第
　　　　534 頁。
〔註107〕〔清〕王照圓著，虞思徵點校：《列女傳補注》，第 68 頁。
〔註108〕〔漢〕劉向著，〔清〕梁端校注：《校注列女傳》卷二，第 4 頁。
〔註109〕〔清〕王照圓著，虞思徵點校：《列女傳補注》，第 7 頁。

也，《荀子・賦篇》隘與狄、敵、適韻，《離騷》隘與績韻。〔註110〕

再如《賢明傳・魯黔婁妻》「安賤甘淡，不求豐美」，王氏簡略注曰：

> 「美」字失韻。〔註111〕

而梁氏則曰：

> 「豐美」二字疑誤倒，《楚辭・惜誓》功與狂、長韻，韓愈《歐
> 陽詹哀辭》豐與羊、光等韻，皆其證。〔註112〕

在釋韻方面，王氏簡潔明瞭，而梁氏不僅解釋詳備，還常能征引他說以證《傳》文之誤。

如同爲考辯校勘，在注《母儀傳・周室三母》「太王謀事遷徙，必與太姜」時，王氏注曰：

> 《後漢書》注引作「太王有事，必諮謀焉」。〔註113〕

而梁氏則曰：

> 《史記・周紀正義》引「有色兒貞順，率導諸子至於成童，靡
> 有過失，太王有事，必於太姜，遷徙必與」，《後漢書・崔琦傳》注、
> 《藝文類聚》、《太平御覽》引「賢而有色，化導三子，皆成賢德，
> 太王有事，必諮謀焉」。《北堂書鈔・后妃部二》引「化導三子，皆
> 成賢德」，《類聚》下又有詩曰「爰及姜女，聿來胥宇，此之謂也」
> 十四字，疑今本有脫文。〔註114〕

比之王注，梁注博采眾家之說，論證更加詳備，因而得出的結論也更具有信服力。

再如注《魯季敬姜》「魯季敬姜者，莒女也，號戴己，魯大夫公父穆伯之妻，文伯之母，季康子之從祖叔母也」時，王氏曰：

> 姜與己不同姓，此誤耳。〔註115〕

十分地簡潔明瞭地點出了原文的錯誤之處，而梁氏則曰：

> 顧校曰戴己別是一人，公孫敖之妻，文伯谷之母。見《左傳》，
> 敖亦謚穆伯，相涉致誤。〔註116〕

〔註110〕〔漢〕劉向著，〔清〕梁端校注：《校注列女傳》卷一，第2頁。
〔註111〕〔清〕王照圓著，虞思徵點校：《列女傳補注》，第80頁。
〔註112〕〔漢〕劉向著，〔清〕梁端校注：《校注列女傳》卷二，第7頁。
〔註113〕〔清〕王照圓著，虞思徵點校：《列女傳補注》，第17頁。
〔註114〕〔漢〕劉向著，〔清〕梁端校注：《校注列女傳》卷一，第4頁。
〔註115〕〔清〕王照圓著，虞思徵點校：《列女傳補注》，第29頁。
〔註116〕〔漢〕劉向著，〔清〕梁端校注：《校注列女傳》卷一，第6頁。

梁氏引用了顧廣圻的觀點，以《左傳》爲據，證明了《傳》文之誤，比之王
注，論證更加充分。

　　此外，王氏《補注》對於《傳》文有疑義之處，往往能保留原義並自
圓其說，而不妄下定論。而梁氏《校注》則在原文的基礎上旁徵博引，並
闡發自己的見解。如在注《母儀傳‧啓母塗山》「辛壬癸甲」一句時，王氏
注曰：

　　　　依《書》言，是娶塗山甫四日而往治水也。依此《傳》，是既生
　　啓方四日而遂去也。〔註117〕

王氏僅就兩種不同的表述做了闡發，沒有得出確切的結論。而梁氏則曰：

　　　　《尚書》鄭注「娶於塗山，三宿而爲帝所命治水」，此古文家説。
　　《史記‧夏紀》禹曰：「予辛壬娶塗山，癸甲生啓。」《索隱》曰：「蓋
　　今文《尚書》、《吳越春秋》娶『塗山』謂之『女媧』，娶辛壬，癸甲
　　禹行十月，女媧生子啓。」《水經淮水》注引《呂氏春秋》曰：「禹
　　娶塗山氏女，不以私害公，自辛至甲四月復往治水，故江淮文俗以
　　辛壬癸甲爲嫁娶日也。」《楚辭‧天問》注：「禹以辛酉日娶，甲子
　　日去，而有啓也。」此今文家説，皆言娶四日而往治水。依《傳》
　　是生啓四日而去，按《藝文類聚》、《太平御覽‧皇親部一》「禹娶四
　　日而去治水，啓既生，呱呱而泣，禹三過其門不人。」與《尚書》
　　合。玩《頌》意當是娶後四日，疑今本誤。〔註118〕

梁氏徵引《尚書》、《史記》、《水經注》、《楚辭》、《藝文類聚》、《太平御覽》
等文獻資料，最後結合《頌》意得出了今本有誤的結論。

　　總而言之，梁氏《校注》廣泛徵引各家之說，詳細交代引文的出處，詳
備而精博，這是梁注優於王注之處。

　　（三）對《列女傳》版本和體例的推測

　　王氏《補注》和梁氏《校注》在前人的基礎上釋詞辨義，考訛訂謬。此
外，她們還都重視對《列女傳》版本和體例的推測。但在這一點上，王氏僅
將不同於其他文獻資料的表述和有疑義的句子定義爲闕脱或者其他的訛誤，
而梁氏則針對當時可能出現的情況對《列女傳》的版本問題提出了自己的思
考，爲我們更好地瞭解《列女傳》在各個時代的流傳情況提供了便利。如在

〔註117〕〔清〕王照圓著，虞思徵點校：《列女傳補注》，第12頁。
〔註118〕〔清〕王照圓著，虞思徵點校：《列女傳補注》，第3頁。

注《母儀傳・有虞二妃》「瞽叟與象謀殺舜，使塗廩。舜歸告二女曰：『父母使我塗廩，我其往？』二女曰：『往哉。』舜既治廩，乃捐階，瞽叟焚廩，舜往飛出。象復與父母謀，使舜濬井。舜乃告二女，二女曰：『俞，往哉。』舜往濬井，格其出入，從掩，舜潛出」時，王氏僅僅從《傳》文的完整性上思考，其曰：

> 《史記索隱》引「二女教舜鳥工上廩」、「龍工入井」，疑在此句（即「時即不能殺舜」）之上，今本脫去之。〔註119〕

而梁氏則曰：

> 《史記・五帝紀》索隱引《列女傳》云：「二女教舜鳥工上廩，龍工入井。」今傳無此文，案：宋曾慥類說，載《列女傳》二女曰：往哉，鵲汝衣裳鳥工往。注云：習鳥飛之功以往，鵲錯也。又二女曰：去汝衣裳龍工往，注云：龍知水泉脈理也，訓鵲為錯，此古人假借之例，蓋曹大家之注也。《楚辭・天問》洪興祖補注引二女曰：時惟其戕汝，時惟其焚汝，鵲汝衣裳鳥工往，又二女曰：時亦惟其戕汝，時其掩汝，去汝衣裳龍工往，並較今本為多，足證今本已失劉氏之舊。〔註120〕

梁氏在《史記索隱》的基礎上又廣泛參考了《楚辭・天問》等材料，雖然得出了和王氏相似的結論，但其論證更加詳備，說理更加充分。又如注《有虞二妃》「舜陟方，死於蒼梧，號曰重華。二妃死於江湘之間，俗謂之湘君」時，王氏曰：

> 《史記正義》引「之間」下有「因葬焉」三字。《後漢書》注引「湘君」下有「湘夫人也」四字，今本俱脫之。〔註121〕

也僅是從脫文角度進行論述，而梁氏則曰：

> 《史記・秦始皇紀》正義引「間」下有「因葬焉」三字，《後漢書・張衡傳》注引「君」下有「湘夫人也」四字，《藝文類聚・靈異部》下引「死」作「葬」，無此七字，蓋當時自有二本也。《太平御覽》同。

對《列女傳》在當時流傳的版本情況做出了大膽假設，有過人之見。

〔註119〕〔清〕王照圓著，虞思徵點校：《列女傳補注》，第4頁。

〔註120〕〔漢〕劉向著，〔清〕梁端校注：《校注列女傳》卷一，第1頁。

〔註121〕〔清〕王照圓著，虞思徵點校：《列女傳補注》，第4頁。

　　不僅如此，王氏與梁氏還對《列女傳》的篇數多加留心，並有自己的見解。但王氏所論實爲簡單，而梁氏則更爲詳備。如論《母儀傳》篇數時，王氏僅曰：

　　　　魯師氏之母齊姜戒其女云：「平且纜笄而朝，則有君臣之嚴。」
　　《詩‧齊風‧雞鳴》正義引。〔註122〕

而梁氏則曰：

　　　　宋王回《序》云：「每篇皆十五傳，今母儀止十四傳，《藝文類
　　　　聚‧后妃部》、《太平御覽‧皇親部一》並引《列女傳》云：「黃帝妃
　　　　曰：『嫫母於四妃之班居下，貌甚醜而最賢，每自退。』海寧吳氏騫
　　　　據以補於今本之首。案：《北堂書鈔‧后妃部三》「心每自退」，亦云
　　　　「出《列女傳》，又《御覽》注云「全同」。呂氏《呂覽》《遇合篇》
　　　　「嫫母執乎黃帝，黃帝曰：『歷女德而弗忘，與女正而弗衰，雖惡奚
　　　　傷？』據此《列女傳》亦有此數語也。又《詩齊風‧雞鳴》疏引《列
　　　　女傳》云：「魯師氏之母齊姜戒其女曰：『平且纜笄而朝，則有君臣
　　　　之嚴。』」顧氏廣圻據之以爲缺《魯師氏母》一傳。

與王氏的見解相似，但解釋更爲詳備。梁氏又按：

　　　　《師氏母傳》，《太平御覽‧禮儀部二十》引全文云：「魯師春姜
　　　　者，魯師氏之母也，嫁其女，三往而三逐。春姜問故，以輕其室人
　　　　也，春姜忍其女而笞之曰：『夫婦人以順從爲務，貞慤爲首，故婦事
　　　　夫有五，平且纜笄而朝，則有君臣之嚴，沃盥饋食則有父子之敬，
　　　　報反而行則有兄弟之道，必期必誠則有朋友之信，寢席之交然後有
　　　　夫婦之際。』君子謂春姜曰：『知陰陽之順逆也。』並錄於此，以俟
　　　　博古者定焉。」〔註123〕

雖然沒有確切的結論，但通過以上可知，梁氏也認爲《魯師氏母傳》應補於《母儀傳》中，並詳細轉述了《傳》文的全部內容，可以說是對王注的補充。

　　（四）考辯眾家之說

　　如上一節所述，王照圓《列女傳補注》常能「貫串經傳，尤多心得」，這王氏《補注》最大的特色之一。與之相似的，梁端《列女傳校正》在廣泛徵引眾家之說的基礎上時常能夠加以補充和考辯，比之王氏的自斷己意更具有

〔註122〕〔清〕王照圓著，虞思徵點校：《列女傳補注》，第46頁。
〔註123〕〔漢〕劉向著，〔清〕梁端校注：《校注列女傳》卷一，第10頁。

說理性。如在注《賢明傳・楚老萊妻》「莞葭爲蓋」一句時，梁氏引段玉裁校「蓋當作牆」〔註124〕。王氏注曰：「『蓋』當作『牆』。《列仙傳》亦有此句。」〔註125〕而梁氏在此基礎上加以補充，其案曰：

> 葭牆蓬室，《史記・老子列傳》正義引《列仙傳》「莞葭爲牆，蓬蒿爲室」是其證。〔註126〕

再如注《楚於陵妻》「楚於陵子終妻也」一句時，梁氏引顧廣圻校云：「楚蓋齊之誤，《水經注》：長白山，陳仲子夫妻所引。孟子於陵即此處。」〔註127〕又引王照圓之說曰：「今濟南長山縣有於陵仲子墓。」在此基礎上樑氏案曰：

> 皇甫謐《高士傳》：「陳仲子字於陵，齊人。兄戴，齊相，食祿萬鍾。以兄祿爲不義，乃適楚，居於陵。楚王聞其名，聘以爲相。乃夫婦逃去，爲人灌園。」見《世說・豪爽篇》注。《史記・鄒陽傳》索隱同本此《傳》爲說，非字誤。〔註128〕

梁氏又徵引了《高士傳》、《世說新語》、《史記》等書籍，對顧廣圻和王照圓的說法加以補充說明，使得句意更加清晰明瞭。

除了對前人之說加以補充，梁端《校注》中時常對前人之說進行考辯，如其注《仁智傳・魯漆室女》「其家倩吾兄行追之」一句時先引馬瑞辰之說曰：「倩，《琴操》作『請』。請倩形相似，『倩』蓋『請』之訛。」〔註129〕其後樑氏又案曰：

> 馬說非也。《太平御覽》皇親部、菜部作「借」，「倩」、「借」聲近。〔註130〕

梁氏引《太平御覽》中的觀點得出「倩」乃「借」字之誤，而非「請」字之誤，馬瑞辰所說實誤。再如《貞順傳・蔡人之妻》「終不聽其母，乃作《芣苢》之詩」，顧廣圻校曰：「其母乃作，王伯厚《詩考》及《後序》引皆以爲蔡人妻作，誤也。」梁氏案曰：

〔註124〕〔漢〕劉向著，〔清〕梁端校注：《校注列女傳》卷二，第9頁。
〔註125〕〔清〕王照圓著，虞思徵點校：《列女傳補注》，第89頁。
〔註126〕〔漢〕劉向著，〔清〕梁端校注：《校注列女傳》卷二，第9頁。
〔註127〕〔漢〕劉向著，〔清〕梁端校注：《校注列女傳》卷二，第9頁。
〔註128〕〔漢〕劉向著，〔清〕梁端校注：《校注列女傳》卷二，第9頁。
〔註129〕〔漢〕劉向著，〔清〕梁端校注：《校注列女傳》卷三，第8頁。
〔註130〕〔漢〕劉向著，〔清〕梁端校注：《校注列女傳》卷三，第8頁。

《韓詩序》:「《芣苢》傷夫有疾也。」見《文選‧辯命論》注。

蓋魯韓詩同。《太平御覽》『乃』作『而』,顧氏謂其母作,誤讀八字

爲句。〔註131〕

梁氏引《太平御覽》之說,從句讀的角度判斷顧校之誤,有過人之見。以上所舉,足見梁氏在校勘方面的非凡能力。

　　綜上所述,王照圓《列女傳補注》與梁端《列女傳校正》既有各自的家學淵源,又受夫學和眾家之學的廣泛影響,不論是在訓詁還是校勘方面,都有各自的特點。王氏重訓詁,辭簡義賅;梁氏重校勘,精博不蕪。在此基礎上,二家又都十分重視對《列女傳》體例和版本內容的校勘,對於後人瞭解《列女傳》在各個時期的版本流傳情況提供了參考。此外,梁氏還勤於考證,對前人之說詳加補充和考辯,可謂達到了前修未密、後出轉精的學術境界。

　　自然,王、梁二家之說在當代的價值不僅僅指它們在學術上的價值。先秦儒家所倡「修齊治平」之說,始自男女夫婦之倫理,漢儒亦重此義。但劉向著《列女傳》之宗旨卻與後世所推崇的貞潔烈女等狹隘的倫理觀念大相徑庭,清儒最明此理,以爲「劉向《列女傳》,取行事繫爲鑒戒,不存一操。……非獨貴節烈也。」正如臧庸《列女傳補注序》中所言:

　　　　竊以三代治亂之原,多本女德;士大夫興衰之兆,亦由婦人。

　　考之於古,驗之於今,昭昭然若黑白之分矣。中壘斯《傳》,爲垂世

　　立教之大經,士人既多所不習,女子又鮮能通此,古道之不興,蓋

　　由是矣!〔註132〕

可見王、梁二氏在校注《列女傳》方面所作努力,對於後人瞭解中國傳統女性歷史與性別理論有很大幫助。誠如徐興無所言:「清乾嘉樸學推崇漢儒之學,於客觀的學術研討與典籍整理之中,亦發抉傳統文化的眞義,使後世之人評判傳統文化具備歷史的眼觀,此亦梁任公言清儒『以復古爲解放』之旨。」〔註133〕這也正是王、梁二家之學最爲熠熠生輝之處。

〔註131〕〔漢〕劉向著,〔清〕梁端校注:《校注列女傳》卷四,第3頁。

〔註132〕〔清〕臧庸:《拜經堂文集》卷二,《續修四庫全書》本,集部第1491冊,第534頁。

〔註133〕徐興無:《清代王照圓〈列女傳補注〉與梁端〈列女傳校讀本〉》,第930頁。

4. 郝懿行《晉宋書故》及其序跋所作時間再探討

　　《晉宋書故》是郝懿行關於《晉書》、《宋書》的訓詁考論，多爲晉宋書中名物、詞語之考訂。該書與《補宋書刑法志》、《補宋書食貨志》、《宋瑣語》等書均是郝懿行中年之後養疴廢業期間所作，其搴剟詞語、釐訂章句均據《宋書》原文，每遇異文，皆出校語，具有較高學術價値。李慈銘《越縵堂讀書記》云：「郝氏於史學不甚傳，此書所摘晉宋書中僻文奧典四十三條，爲之疏證。」「且文辭雅令，多仿晉宋間人。」〔註134〕關於《晉宋書故》的成書時間，許維遹《郝蘭皋（懿行）夫婦年譜》認爲是嘉慶二十一年（1816），而張述錚《〈郝蘭皋夫婦年譜〉訂訛》認爲是嘉慶十九年（1814）。《晉宋書故》有王照圓所作《跋》和胡承珙所作《序》，關於胡氏《序》與王氏《跋》的所作時間，許維遹與張述錚亦執不同意見。許維遹根據記載認爲胡氏《序》文作於嘉慶二十一年六月十三日，王氏《跋》文也作於嘉慶二十一年；而張述錚認爲《晉宋書故》完稿於嘉慶十九年六月之前，胡承珙於六月十三日爲之作序，而王照圓《跋》作於嘉慶二十一年六月十三日之前，並且此《跋》爲《宋瑣語》、《補宋書刑法志》、《補宋書食貨志》、《晉宋書故》四書的總跋。筆者綜合分析郝懿行及胡承珙、王照圓等人的相關著述，發現許氏《年譜》與張氏《訂訛》中的觀點各有可以商榷的地方。

一、《晉宋書故》成書時間

　　郝懿行嘉慶二十一年（1816）《與馬元伯書》一文中記敍了《晉宋書故》、《宋瑣語》等書的撰寫情況：

　　　　僕自癸酉抱疴迄乙亥冬，方乃小愈，中間無可消遣，偶讀《晉宋書》，有所未滿於晉人清虛，矯以事實，故爲《晉文鈔》二百餘首。沈休文之書欲追步班固、馬遷，獨缺《刑法》、《食貨》二志，而別增《符瑞志》三篇，今刪其所增，又補其所缺，凡鈔補俱採本書爲之。其二書中精液膏腴足備觀覽者，復採爲《晉宋瑣語》，略放《世說新語》之例。又同《新序》、《說苑》之倫，中有隱滯，間爲疏通，別爲《晉宋書故》。二卷，即今《宋瑣語》並《補志》二及《書故》一。〔註135〕

〔註134〕〔清〕李慈銘：《越縵堂讀書記》，第 422 頁。

〔註135〕〔清〕郝懿行：《曬書堂文集》卷二，《續修四庫全書》本，集部第 1481 冊，第 446、447 頁。（本節所引版本俱同）

可知郝懿行《晉文鈔》、《補宋書刑法志》、《補宋書食貨志》、《宋瑣語》、《晉宋書故》等書均是在嘉慶十八年（1813）至嘉慶二十年（1815）這三年養病期間寫成的，而且這五本書的寫作順序大致爲《晉文鈔》、《二志》、《宋瑣語》、《晉宋書故》。

又據郝懿行嘉慶二十年（1815）《與王伯申大理書》云：

> 弟養疴廢業，偶讀沈約《宋書》，箋記備忘，遂多著錄，其書無《刑法》、《食貨》二志，沈序乃云分見紀傳中，此謂缺，所當補。又增《符瑞志》一篇，此謂補，所當缺也。今竟欲刪除《符瑞》，都無存留，仍刺取沈書補還二志。如謂刪去非宜，姑存其半，中下二篇併入《五行志》，奚不可也。又後漢以還，遂缺《藝文》。今欲撰《晉宋藝文志》，不列古書於前，但採晉宋人著述，標其篇目，各爲條流，亦如《漢志藝文》之體。然難於隱括，失在罣漏，恐見聞短淺，將來未易可成也。〔註136〕

觀今存《宋瑣語》的體例，可知郝氏所謂《晉宋藝文志》即是指《宋瑣語》，亦可佐證《宋瑣語》、《晉宋書故》二書當作於《二志》之後。

郝懿行《宋瑣語》自序言：

> 嘉慶乙亥春夏之間，余以養疴廢業覽其書而美之，時精力衰頹，苦乏記功，隨讀隨錄，分別部居，令不雜廁，謂之「語」，蓋取不賢識小之意。〔註137〕

由以上材料可推知郝懿行是從這個時候開始記錄、歸類並撰寫《宋瑣語》，而郝懿行《二志》自序明確記載《二志》作於嘉慶二十年十二月，可知《宋瑣語》當作於嘉慶二十年十二月之後。據《詩鈔》卷下所載，郝懿行於嘉慶二十年夏初舊恙稍愈，步詩二首兼附一絕回寄（《次韻賈鬐山伸見贈之作》），蓋是時正是郝懿行開始寫作《二志》、《宋瑣語》等書的時間。又據《詩鈔》卷下《嘉慶丙子夏刊宋瑣語諸書向友人索價因賦短章》所云：「幾曾賣貴洛陽紙，已涉蘭秋七月初。」〔註138〕可知《二志》、《宋瑣語》、《晉宋書故》等書刊於嘉慶二十一年七月之前，則可推知《晉宋書故》當成書於嘉慶二十年十二月至嘉慶二十一年七月之間。而張述錚認爲《晉宋書故》成書於嘉慶十九年，他的理由是：

〔註136〕〔清〕郝懿行：《曬書堂文集》卷三，第449頁。
〔註137〕〔清〕郝懿行：《曬書堂文集》卷三，第474頁。
〔註138〕〔清〕郝懿行：《曬書堂詩鈔》卷下，第677頁。

這一時期郝氏的病情偶見緩解，同忘年至交胡承珙「無旬日不會晤，晤則必談經義」，又曾同胡氏並攜蘭坡幼子五郎等赴大通橋泛舟，這正是郝懿行可以執筆著書的時期，也正是胡承珙可以爲《書故》作序之際。〔註139〕

不僅從時間上推測，張述錚還從胡氏序言的內容進行推測，他認爲：

該序開篇了了數語，略予讚揚，爾後即以絕長的篇幅，提出一系列質疑，這種質疑壓倒讚揚的序文，只能在原著者郝懿行身體心境見佳時才可以接受。這就是說，沒有載明寫作時間的郝氏的原著及胡氏的序文，只能限定在甲戌年二月至七月這一時期中。〔註140〕

筆者以爲張氏所言雖頗能自圓其說，但理由並不充分。僅憑以上兩點並不能證明《晉宋書故》作於嘉慶十九年二月至七月。嘉慶十九年時郝氏還未開始撰寫《宋瑣語》，何以《晉宋書故》能夠完稿於此時？

以下筆者將聯繫胡氏序文和王氏跋文的所作時間對《晉宋書故》的成書時間加以佐證。

二、胡承　《晉宋書故序》、王照圓《晉宋書故跋》所作時間

《晉宋書故》前有胡承珙嘉慶二十一年（1816）六月十三日的序文，其云：

沈休文《宋書》七志頗爲詳贍，蓋江左制度多沿魏晉，尋波討原，不特足補陳承祚國志之闕，並足以訂唐修《晉書》之訛，惟是孟堅舊例，綴孫卿之詞，以序《刑法》，採孟軻之語用裁《食貨》，而休文於此二者獨付闕。……休文不此之志而鋪陳《符瑞》，累牘連篇，可謂僨矣。吾友蘭皋農部養疴餘暇，緝成二篇，雖取裁不出本書而鈎稽聯貫，井井有條，綜其損益，尋省了然，誠足爲讀史者之助。又以沈書文人之筆，詞采可觀，乃爲標舉風格，搴剟藻華成《瑣語》若干卷。夫《二志》則錢文子補《漢兵志》之流，《瑣語》又余仲信南、北《史》、《世說》之類也。承珙不敏，猥與校字之役。刻既成，因述其梗概如此。〔註141〕

〔註139〕張述錚：《〈郝蘭皋夫婦年譜〉訂訛》，第81頁。
〔註140〕張述錚：《〈郝蘭皋夫婦年譜〉訂訛》，第81頁。
〔註141〕〔清〕胡承珙：《求是堂文集》卷四，《續修四庫全書》本，集部第1500冊，第275頁，

由以上材料可知胡承珙作此序時《補宋書刑法志》、《補宋書食貨志》、《宋瑣語》等書均已刊刻，而前已論及《二志》、《宋瑣語》、《晉宋書故》等書刊於嘉慶二十一年七月之前，可知胡氏序言作於嘉慶二十一年是可以成立的。而張述錚以爲胡承珙序作於嘉慶十九年，實是有誤。張氏分析胡承珙《序》文全篇瞭解到《序》文論述了《二志》與《宋瑣語》的形成過程及其價值，並未提及《書故》，而以此推知胡氏序言當爲《二志》與《宋瑣語》而作，實則不然。胡承珙《晉宋書故序》下有胡培翬的按語，曰：「郝蘭皋農部名懿行，著《晉宋書故》，又著有《宋瑣語》、《補宋書刑法志》、《補宋書食貨志》，此篇蓋其總序也。」〔註142〕筆者以爲胡培翬所言甚是，即胡承珙《晉宋書故序》乃胡氏爲郝懿行所著《二志》、《宋瑣語》、《晉宋書故》四書所作之總序。而四書皆成書於嘉慶二十一年七月之前，正與胡承珙序言作於嘉慶二十一年六月十三日的記載吻合。

王照圓《晉宋書故跋》云：

> 癸酉之秋迄乙亥，夫子養疴廢業，遂罷《爾雅》之役。雖時藥
> 罏常滿，席幾凝塵，披卷停吟，含毫欲臥。余時時料檢，每以卻書
> 靜攝爲箴，顧終不見從。久因病間瀏覽晉宋等書，又苦善忘，爰付
> 札記。余雅不讀史，閣亦命余抄錄，用省記功也。〔註143〕

關於王氏《跋》的寫作時間，張述錚認爲：

> 王氏之跋文所敍爲「癸酉（嘉慶十八年）春」至「亥（承上省
> 「乙」，嘉慶二十年）冬」三年間事，這三年間正是以上四書（筆者
> 注：即《二志》、《宋瑣語》、《晉宋書故》四書）全部完稿的過程。
> 〔註144〕

由此斷定王氏跋文當爲四書之總跋，此正與胡承珙所作序文相符合。其原因蓋如張氏所說「由於後世在整理郝氏遺書時，匆匆付梓，將此跋文錯放在《書故》之後所造成的。」則許維遹《年譜》有誤。

筆者贊同王氏跋文爲四書之總跋的觀點，但張氏又認爲這四部書的次第以《晉宋書故》爲首，理由是「王氏豈能單爲先出的一書作跋，而對於其他

〔註142〕〔清〕胡承珙：《求是堂文集》卷四，《續修四庫全書》本，集部第 1500 冊，第 275 頁。

〔註143〕韓寓群主編：《山東文獻集成》第二輯第 48 冊，王照圓《曬書堂閨中文存》，第 642 頁。

〔註144〕張述錚：《〈郝蘭皋夫婦年譜〉訂訛》，第 80～81 頁。

三書不予理睬？」筆者認爲張氏所持論據並不充分。考察王氏跋文的內容，確實可以得出此跋非單爲《晉宋書故》而作的結論，而是四書之總序跋，而這正好符合《晉宋書故》作於四書之末的完稿順序。只有四本書皆已完成，王氏才會在跋文中對四書的寫作過程進行總結，所以筆者認爲王照圓《晉宋書故跋》當作於嘉慶二十一年七月前後。而張氏之所以判斷失誤，是他認爲郝懿行《晉宋書故》的完稿時間在嘉慶十九年而致。設想若《晉宋書故》完稿於嘉慶十九年，且胡承珙《序》確實作於嘉慶十九年，那爲何胡氏序文中出現了對《二志》和《宋瑣語》的評價呢？而明確記載《二志》完成於嘉慶二十年十二月，《宋瑣語》在其後，這在時間上就是有矛盾的。所以筆者以爲張氏所論實誤。

三、結語

據以上論述可知，郝懿行病中四書及有關序跋的繫年，當依如下次第：

嘉慶二十年春夏之際，郝氏開始搜集撰寫《補宋書刑法志》、《補宋書食貨志》、《宋瑣語》、《晉宋書故》等書的材料，同年十二月，《二志》成，郝懿行自序可證；嘉慶二十年十二月至嘉慶二十一年七月之間，《宋瑣語》、《晉宋書故》依次完成，四書相繼刊印成書，同年六月十三日前，胡承珙作四書之總序文，王照圓《晉宋書故》等四書之總跋文亦作於這段時間。

許維遹《郝蘭皋（懿行）夫婦年譜》中關於郝懿行《晉宋書故》及胡承珙《晉宋書故序》和王照圓《晉宋書故跋》的寫作時間的判斷是正確的，而並未考證出胡氏《序》與王氏《跋》爲四書之總序跋；張述錚《〈郝蘭皋夫婦年譜〉訂訛》雖考證出胡氏《序》與王氏《跋》爲四書之總序跋，但關於《晉宋書故》的成書時間及胡氏《序》與王氏《跋》的寫作時間判斷有誤。

主要參考文獻

一、著作

1. 〔漢〕班固：漢書〔M〕.北京：中華書局，1962 年。

2. 〔漢〕劉向：列仙傳〔M〕.諸子百家叢書，上海：上海古籍出版社，1990年。

3. 〔漢〕劉向著，〔清〕梁端校注：校注列女傳〔M〕.臺北：廣文書局，1979年。

4. 〔晉〕葛洪：抱朴子〔M〕.《叢書集成初編》本，北京：中華書局，1985年。

5. 〔梁〕劉勰著，范文瀾注：文心雕龍注〔M〕.北京：人民文學出版社，1978年。

6. 〔宋〕王應麟：漢藝文志考證〔M〕.景印文淵閣《四庫全書》本，臺北：商務印書館，1986 年。

7. 〔宋〕陳振孫：直齋書錄解題〔M〕.臺北：廣文書局，1968 年。

8. 〔宋〕朱熹集注：詩集傳〔M〕.北京：中華書局，1958 年。

9. 〔清〕郝懿行：爾雅義疏〔M〕.上海：上海古籍出版社，1983 年。

10. 〔清〕王照圓著，虞思徵點校：列女傳補注〔M〕.上海：華東師範大學出版社，2012 年。

11. 〔清〕（光緒）棲霞縣續志〔M〕.中國地方志集成·山東府縣志輯第五十一冊，南京：鳳凰出版社，2004 年。

12. 〔清〕馬瑞辰著，陳金生點校：毛詩傳箋通釋〔M〕.北京：中華書局，2012年。

13. 煙臺地區出版社辦公室：煙臺風物志〔M〕.煙臺：煙臺地區出版社辦公室，1983 年。

14.〔清〕阮元：十三經注疏〔M〕.北京：中華書局影印本，1980 年。

15.〔清〕臧庸：拜經堂文集〔M〕.《續修四庫全書》本，上海：上海古籍出版社，2002 年。

16.〔清〕胡培翬：研六室文鈔〔M〕.《續修四庫全書》本，上海：上海古籍出版社，2002 年。

17.〔清〕桂文燦著，陳居淵注：經學博采錄〔M〕.桂林：廣西師範大學出版社，2011 年。

18.〔清〕洪頤煊：筠軒文鈔〔M〕.《叢書集成初編》本，北京：商務印書館，1935～1937 年。

19.〔清〕王培荀著，蒲澤校點：鄉園憶舊錄〔M〕.濟南：齊魯書社，1993 年。

20.〔清〕劉錦藻：清續文獻通考〔M〕.民國景十通本。

21.〔清〕羅汝懷：綠漪草堂集〔M〕.清光緒九年羅式常刻本。

22.〔清〕孫雄：道咸同光四朝詩史〔M〕.上海：上海古籍出版社，2013 年。

23.〔清〕孫詒讓：札迻〔M〕.北京：中華書局，2009 年。

24.〔清〕謝章鋌：賭棋山莊集〔M〕.清光緒刻本。

25.〔清〕張之洞：書目答問〔M〕.清光緒刻本。

26.〔清〕王蘊章：然脂餘韻〔M〕.北京：商務印書館排印本，1918 年。

27.〔清〕震鈞：國朝書人輯略〔M〕.《續修四庫全書》本，上海：上海古籍出版社，2002 年。

28.〔清〕沈善寶：名媛詩話續集〔M〕.《續修四庫全書》本，上海：上海古籍出版社，2002 年。

29.〔清〕姚鼐：惜抱軒文集〔M〕.臺北：文海出版社，1979 年。

30.〔清〕葉紹袁：午夢堂集〔M〕.北京：中華書局，1998 年。

31.〔清〕趙執信著，趙蔚芝、劉聿鑫注釋：談龍錄〔M〕.濟南：齊魯書社，1987 年。

32.〔清〕章學誠：丙辰札記〔M〕.北京：中華書局，1986 年。

33.〔清〕章學誠著，嚴傑、武秀成譯注：文史通義全釋〔M〕.貴陽：貴州人民出版社，1997 年。

34.〔清〕焦循：里堂家訓〔M〕.臺北：文史哲出版社，影印《傳硯齋叢書》本，1971 年。

35.〔清〕皮錫瑞：經學歷史〔M〕.北京：中華書局，2004 年。

36.〔清〕顧炎武著,黃汝成集釋,樂保群、呂宗力點校:《日知錄》集釋〔M〕.上海:上海古籍出版社,2006 年。

37.〔清〕朱彝尊:經義考〔M〕.景印文淵閣《四庫全書》本,臺北:商務印書館,1986 年。

38.〔清〕臧庸:拜經日記〔M〕.《續修四庫全書》本,上海:上海古籍出版社,2002 年。

39.〔清〕王端履:重論文齋筆錄〔M〕.《續修四庫全書》本,上海:上海古籍出版社,2002 年。

40.〔清〕陶方琦:漢孳室文鈔〔M〕.景印文淵閣《四庫全書》本,臺北:商務印書館,1986 年。

41.〔清〕王引之:經義述聞〔M〕.《續修四庫全書》本,上海:上海古籍出版社,2002 年。

42.〔清〕陳奐:詩毛氏傳疏〔M〕.《續修四庫全書》本,上海:上海古籍出版社,2002 年。

43.〔清〕陳壽祺:魯詩遺說考〔M〕.《續修四庫全書》本,上海:上海古籍出版社,2002 年。

44.〔清〕王先謙:詩三家義集疏〔M〕.《續修四庫全書》本,上海:上海古籍出版社,2002 年。

45.〔清〕陳玉樹:毛詩異文箋〔M〕.《續修四庫全書》本,上海:上海古籍出版社,2002 年。

46.〔清〕陳康祺:郎潛紀聞初筆二筆三筆〔M〕.北京:中華書局,1984 年。

47.〔清〕戴燮元:京江鮑氏三女史詩鈔合刻〔M〕.清光緒八年刻本。

48.〔清〕牟庭:雪泥書屋遺文〔M〕.景印文淵閣《四庫全書》本,臺北:商務印書館,1986 年。

49.〔清〕蟲天子編,董乃斌等校點:中國香豔全書〔M〕.北京:團結出版社,2005 年。

50.〔清〕福山縣志〔M〕.中國地方志集成·山東府縣志輯(第五十一冊),南京:鳳凰出版社,2004 年。

51.〔清〕完顏惲珠輯:國朝閨秀正始集二十卷附錄一卷補遺一卷〔M〕.清同治七年青雲堂重刻本。

52.〔清〕施淑儀輯:清代閨閣詩人徵略〔M〕.臺北:文海出版社,2003 年。

53.〔清〕鐵保輯,趙志輝校點補:熙朝雅頌集〔C〕.遼寧民族古籍整理文學類之二,瀋陽:遼寧大學出版社,1992 年。

54.〔清〕李慈銘:越縵堂讀書記〔M〕.北京:中華書局,1963 年。

55.〔清〕余嘉錫:世說新語箋疏〔M〕.北京:中華書局,1983 年。

56.〔清〕楊守敬：日本訪書志〔M〕.《續修四庫全書》本，上海：上海古籍出版社，2002年。

57.〔清〕丁福保：道藏精華錄〔M〕.杭州：浙江古籍出版社，1989年。

58.〔民國〕梁啓超：中國近三百年學術史〔M〕.北京：東方出版社，1996年。

59.〔民國〕趙爾巽：清史稿〔M〕.北京：中華書局，1977年。

60.〔民國〕許鍾璐等修，于宗潼等纂：山東省福山縣志稿〔M〕.臺北：成文出版社，1968年。

61.〔民國〕徐世昌：晚晴簃詩匯〔M〕.《續修四庫全書》本，上海：上海古籍出版社，2002年。

62.〔民國〕梁乙眞：清代婦女文學史〔M〕.北京：知識產權出版社，2006年。

63.〔民國〕周作人著，止菴校訂：苦竹雜記〔M〕.石家莊：河北教育出版社，2001年。

64.許維遹：郝蘭皋（懿行）夫婦年譜〔M〕.中國近三百年學術史參考資料，香港：崇文書店，1975年。

65.韓寓群主編：山東文獻集成〔M〕.濟南：山東大學出版社，2009年。

66.梁乙眞：清代婦女文學史〔M〕.北京：中華書局，1927年。

67.胡文楷：歷代婦女著作考〔M〕.北京：商務印書館，1957年。

68.段繼紅：清代閨閣文學研究〔M〕.天津：南開大學出版社，2007年。

69.謝无量：中國婦女文學史〔M〕.北京：中華書局，1916年。

70.譚正璧：中國女性的文學史話〔M〕.上海：光明書店，1930年。

71.譚正璧：女性詞話〔M〕.上海：上海中央書店，1934年。

72.陶秋英：中國婦女與文學〔M〕.北京：北新書局，1933年。

73.蘇之德：中國婦女文學史話〔M〕.香港：上海書局，1977年。

74.鄧紅梅：女性詞史〔M〕.濟南：山東教育出版社，2000年。

75.山東省煙臺市福山區史志編纂委員會：福山區志〔M〕.濟南：齊魯書社，1990年。

76.袁行霈：中國文學概論〔M〕.北京：高等教育出版社，1990年。

77.張宏生：明清文學與性別研究〔C〕.南京：江蘇古籍出版社，2002年。

78.張舜徽：清人文集別錄〔M〕.武漢：華中師範大學，2004年。

79.秦豔華：山東古代女傑〔M〕.濟南：山東文藝出版社，2004年。

80.李伯齊：齊魯聞人〔M〕.濟南：山東友誼書社，1990年。

81. 李伯齊：山東文學史論〔M〕.濟南：齊魯書社，2003 年。

82. 王志民主編：山東文化通覽〔M〕.濟南：山東人民出版社，2012 年。

83. 王延梯：中國古代女作家集〔M〕.濟南：山東大學出版社，1999 年。

84. 劉詠聰：性別視野中的中國歷史新貌〔M〕.北京：社會科學文獻出版社，2012 年。

85. 傅瑛：明清安徽婦女文學著述輯考〔M〕.黃山：黃山書社，2010 年。

86. 齊文穎：中華婦女文獻縱覽〔M〕.北京：北京大學出版社，1995 年。

87. 盧葦菁：矢志不渝明清時期的貞女現象〔M〕.南京：江蘇人民出版社，2010 年。

88. 王志民：山東重要歷史人物〔M〕.濟南：山東人民出版社，2009 年。

89. 秦永洲：山東社會風俗史〔M〕.濟南：山東人民出版社，2011 年。

90. 李進莉、潘榮勝：清代山東進士〔M〕.濟南：齊魯書社，2009 年。

91. 徐雁平：清代文學世家姻親譜系〔M〕.鳳凰：鳳凰出版社，2010 年。

92. 來新夏：中國的年譜與家譜〔M〕.北京：商務印書館，2007 年。

93. 呂偉達、瞿如濟：甲骨文之父王懿榮〔M〕.濟南：山東畫報出版社，1995 年。

94. 雄秉眞：近世家族與政治比較歷史論文集〔C〕.中央研究院近代史研究所，1992 年。

95. 張璋：顧太清奕繪詩詞合集〔M〕.上海：上海古籍出版社，1998 年。

96. 張鈞：顧太清全傳〔M〕.長春：長春出版社，2000 年。

97. 張鈞：顧太清詩詞〔M〕.長春：吉林文史出版社，1989 年。

98. 張菊玲：曠代才女顧太清〔M〕.北京：北京出版社，2002 年。

99. 馬宗霍：中國經學史〔M〕.上海：上海書店出版社，1984 年。

100. 王玉波：中國家族的起源和演變〔M〕.石家莊：河北科學技術出版社，1992 年。

101. 錢穆：中國文化史導論（修訂本）〔M〕.北京：商務印書館，1994 年。

102. 羅時進：地域‧家族‧文學：清代江南詩文研究〔M〕.上海：上海古籍出版社，2010 年。

103. 王叔岷：列仙傳校箋〔M〕.北京：中華書局，2007 年。

104. 煙臺地情資料系列叢書編委會主編：王懿榮世家人物傳記〔M〕.煙臺：煙臺市地方史志辦公室出版，2005 年。

105. 浙江大學中文系編：浙江大學中文系本科生優秀畢業論文選〔C〕.杭州：浙江大學出版社，2012 年。

106. 胡曉明、彭國忠主編：江南女性別集初編〔M〕.合肥：黃山書社，2008年。

二、學術論文

1. 許維遹：郝蘭皋（懿行）夫婦年譜〔J〕.清華大學學報（自然科學版），1935年（1）。

2. 張述錚：《郝蘭皋夫婦年譜》訂訛〔J〕.山東師範大學學報（社會科學版），1989年（1）。

3. 翟如潛：郝懿行與王照圓〔J〕.煙臺師範學院學報（哲學版），1994年（1）。

4. 宋清秀：清代才女文化的地域性特點——以王照圓、李晚芳爲例〔J〕.浙江師範大學學報（社會科學版），2005年（4）。

5. 宋清秀：清代女性文學群體及其地域性特徵分析〔J〕.文學評論，2013年（5）。

6. 宋清秀：秀——清代閨秀詩學的核心概念〔J〕.徐州師範大學學報（哲學社會科學版），2011年（4）。

7. 戴慶鈺：明清蘇州名門才女群的崛起〔J〕.蘇州大學學報，1996年（1）。

8. 魏愛蓮：十九世紀中國女性的文學關係網絡〔J〕.清華大學學報（哲學社會科學版），2008年（3）。

9. 王力堅：清代才媛沈善寶的家庭性別角色〔J〕.深圳大學學報（人文社會科學版），2008年（5）。

10. 王力堅：錢塘才媛沈善寶的隨宦行跡與文學交遊〔J〕.浙江大學學報（人文社會科學版），2009年（3）。

11. 詹頌：道咸時期京師滿漢女性的文學交遊與創作——以沈善寶《名媛詩話》爲主要考察線索〔J〕.民族文學研究，2009年（4）。

12. 王萌：明清女性創作群體的地理分佈及其成因〔J〕.中州學刊，2005年（5）。

13. 高春花：清代山東地區女詩人著作知見錄——《歷代婦女著作考》訂補〔J〕.湖北社會科學，2013年（10）。

14. 徐雁平：清代文學世家聯姻與地域文化傳統的形成〔J〕.華南師範大學學報（社會科學版），2011年（3）。

15. 張宏生、石旻：中國古代婦女文學研究的現代起點——胡文楷《歷代婦女著作考》的價值和意義〔J〕.江西社會科學，2008年（7）。

16. 子曰：王照圓與郝懿行：煙臺伉儷名揚大清〔J〕.走向世界，2014年（48）。

17. 韓淑舉、樊偉：清代經學家郝懿行、王照圓〔J〕.齊魯文史，2001年（4）。

18. 蔡峰：古代女性家庭文化教育的形式〔J〕.中華女子學院學報，2002 年
　　（3）。

19. 程方、馬曉雪：清代山東婦女的婚姻與生育狀況〔J〕.東嶽論叢，2009
　　年（11）。

20. 田梅英：儒家文化與山東女性性格的優化〔J〕.山東省青年管理幹部學院
　　學報，2006 年（2）。

21. 王筱芸：荷蘭萊頓大學漢學研究群體綜述──以 20 世紀 80 至 90 年代爲
　　中心〔J〕.國際漢學，2011 年（1）。

22. 郭蓁：清代女詩人的成長與家庭教育〔J〕.東嶽論叢，2008 年（5）。

23. 陸草：論清代女詩人的群體特徵〔J〕.中州學刊，1993 年（3）。

24. 蘭秋陽、高會霞、陳全泉：清代經學世家及其家學考略〔J〕.河北北方學
　　院學報（社會科學版），2009 年（6）。

25. 張宏生：清代婦女詞的繁榮及其成就〔J〕.江蘇社會科學，1995 年（6）。

26. 郭延禮：明清女性文學的繁榮及其主要特徵〔J〕.文學遺產，2002 年（6）。

27. 史梅：清代中期的松陵女學〔J〕.東南文化，2001 年（11）。

28. 史梅：江蘇方志著錄之清代婦女著作考〔J〕.古典文學知識，1994 年（1）。

29. 黃非木：關於《列仙傳》校正〔J〕.中國道教，1990 年（1）。

30. 胡道靜：《道藏》與中國文化〔J〕.中國道教，1988 年（1）。

31. 姚品文：清代婦女詩歌的繁榮與理學的關係〔J〕.江西師範大學學報，1985
　　年（1）。

32. 高萬湖：清代湖州女詩人概觀〔J〕.湖州師專學報，1991 年（2）。

33. 甘霖：清代貴州的女詩人〔J〕.貴州文史叢刊，1993 年（6）。

34. 紀玲妹：論清代常州詞派女詞人的家族特徵及其原因〔J〕.聊城師範學院
　　學報，2000 年（6）。

35. 付優：明清女性結社綜論〔J〕.北京化工大學學報（社會科學版），2011
　　年（2）。

36. 石玲：清代曲阜孔氏聖裔女詩人論略〔J〕.山東師範大學學報，2013 年
　　（3）。

37. 石旻：清代母教文化意義初探〔J〕.南京師範大學文學院學報，2011 年
　　（1）。

38. 張珍懷：清代傑出的女詞家徐燦〔J〕.蘇州大學學報，1986 年（1）。

39. 董淑端：顧太清及其詞作的審美特色〔J〕.滿族文學，1989 年（9）。

40. 賀超：論柳如是詩詞中獨特的精神內涵〔J〕.贛南師範學院學報，1992
　　年（2）。

41. 王英志：性靈派女詩人「袁氏三妹」〔J〕.復旦學報，1995 年（5）。

42. 鄧紅梅：孤傲勁爽的顧貞立詞〔J〕.山東師範大學學報，1996 年（3）。

43. 王奕軍：「一洗人間粉黛羞」：浙江古代女劇作家吳藻〔J〕.戲文，1982 年（5）。

44. 王承略、劉寧：清代山東《詩經》研究的成就與特色〔J〕.濱州學院學報，2013 年（2）。

45. 劉偉：王照圓的《詩經》闡釋特點分析〔J〕.時代文學（下半月），2014 年（7）。

46. 顏煉軍：「風雨飄搖」——《詩經·鄭風·風雨》一詩的現代闡釋〔J〕.南京理工大學學報（社會科學版），2011 年（2）。

47. 劉延玲：《詩經》訓詁的歧解與闡釋——以《詩經·豳風·七月》之「蠶月條桑」、「猗彼女桑」為例〔J〕.中國文化研究，2011 年春之卷。

48. 袁勁、丁雅誦：乾嘉棲霞《詩經》學者群述略〔J〕.中國海洋大學學報（社會科學版），2016 年（6）。

49. 臧利娟：試論清代女作家陳爾士〔J〕.名作欣賞，2012 年（32）。

三、學位論文

1. 聶欣晗：清代女詩家沈善寶研究〔D〕.暨南大學碩士學位論文，2005 年。

2. 張聆雨：清代閨閣詩人才名的確立與傳播〔D〕.南京大學碩士學位論文，2013 年。

3. 杜眞眞：明清山東婦女教育研究〔D〕.南京師範大學碩士學位論文，2011 年。

4. 李兆祿：清前中期《詩經》文學詮釋史論〔D〕.山東師範大學博士學位論文，2009 年。

5. 高婷婷：嘉慶時期《詩經》文獻研究〔D〕.瀋陽師範大學碩士學位論文，2013 年。

6. 李瑩：王照圓《列女傳補注》研究〔D〕.東北師範大學碩士學位論文，2011 年。

7. 殷奎英：清代山東詩文集作者研究〔D〕.蘇州大學碩士學位論文，2008 年。

8. 曹慧：清代山東學者交遊的歷史考察〔D〕.山東師範大學碩士學位論文，2012 年。

9. 陳國安：清代詩經學研究〔D〕.蘇州大學博士學位論文，2008 年。

10. 吳琳：清初女性詩歌嬗變研究〔D〕.浙江大學碩士學位論文，2012 年。

11. 段繼紅：清代女詩人研究〔D〕.蘇州大學博士學位論文，2005 年。

12. 龍婷：郝懿行、王照圓《詩說》《詩問》研究〔D〕.北京外國語大學碩士學位論文，2015 年。

13. 李亞楠：郝懿行、王照圓《詩說》、《詩問》研究〔D〕.山西師範大學碩士學位論文，2016 年。

後　記

　　光陰荏苒，逝者如斯，自書稿開始撰寫至今已近二載，伏案回首，心中有太多感動與敬意，竟不知從何說起。

　　回首二十年的求學歷程，非常值得慶幸的是，我遇見了最好的老師，結交到了最真的朋友。在這本書稿完成之際，首先要非常感謝我讀碩士期間的導師程奇立（丁鼎）先生。忝列門牆，親炙恩師，是我三生之幸。先生學高德劭、儒雅敦厚，治學嚴謹、一絲不苟，常督促並指導我撰寫學術論文。我每每將論文呈給先生，先生皆仔細批閱，並提出修改意見。生活中，先生平易近人，幽默風趣，常與學生聊家常、談理想，詢問我們在生活上的困難，並幫助我們解決很多思想上的困擾。這本書稿從選題、謀篇到具體的寫作，都傾注了先生大量的心血，沒有先生的悉心指導與幫助，書稿是不可能如期完成的。同時，也要誠摯地感謝師母這四年來的關心與幫助。我在準備博士考試期間，常收到師母打來的電話，每每總先問及健康與心態，叮囑我要好生照顧自己。老師與師母的恩情，學生銘記於心。再次，要感謝山東師範大學的王勇老師、李梅訓老師，山東大學劉心明老師對我書稿提出的寶貴意見。我現在於山東大學儒學高等研究院攻讀博士學位，師從王承略先生。先生學識淵博，生活中對學生關愛有加。這篇書稿的完成，亦得益於先生的關心和支持。在此特致謝忱。

　　君子以文會友，以友輔仁。感謝諸位同門兄弟姐妹這幾年來的鼓勵與幫助。撰寫書稿期間，常收到朋友的親切問候，在此感謝他們一直以來對我生活與學習的關心與幫助。

　　最後，我要特別感謝我的家人。在二十年的求學生涯裏，父母雙親一直無怨無悔地理解我、支持我；我的姐姐也一直鼓勵我、資助我。感謝他們爲我付出的一切。特別感謝我的丈夫對我生活上的關心與理解以及學業上的幫助，讓我更加堅定、毫無顧慮地做自己喜歡的事情。他們的理解與支持、關心和勉勵是我不斷前進的動力。

　　靡不有初，鮮克有終。經歷艱辛才懂得一切收穫都來之不易，我會繼續努力，並珍惜現在所擁有的一切。也祝所有的親人朋友，明天會更好！

于少飛

2017 年 10 月 16 日記於煙臺